The New History

当 代 世 界 学 术 名 著

新史学

[美] 鲁滨孙（J. H. Robinson）/著

何炳松/译

中国人民大学出版社

· 北京 ·

"当代世界学术名著"
出版说明

　　中华民族历来有海纳百川的宽阔胸怀，她在创造灿烂文明的同时，不断吸纳整个人类文明的精华，滋养、壮大和发展自己。当前，全球化使得人类文明之间的相互交流和影响进一步加强，互动效应更为明显。以世界眼光和开放的视野，引介世界各国的优秀哲学社会科学的前沿成果，服务于我国的社会主义现代化建设，服务于我国的科教兴国战略，是新中国出版工作的优良传统，也是中国当代出版工作者的重要使命。

　　中国人民大学出版社历来注重对国外哲学社会科学成果的译介工作，所出版的"经济科学译丛"、"工商管理经典译丛"等系列译丛受到社会广泛欢迎。这些译丛侧重于西方经典性教材；同时，我们又推出了这套"当代世界学术名著"系列，旨在迻译国外当代学术名著。所谓"当代"，一般指近几十年发表的著作；所谓"名著"，是指这些著作在该领域产生巨大影响并被各类文献反复引用，成为研究者的必读著作。我们希望经过不断的筛选和积累，使这套丛书成为当代的"汉译世界学术名著丛书"，成为读书人的精神殿堂。

　　由于本套丛书所选著作距今时日较短，未经历史的充分淘洗，加之判断标准见仁见智，以及选择视野的局限，这项工作肯定难以尽如人意。我们期待着海内外学界积极参与推荐，并对我们的工作提出宝贵的意见和建议。我们深信，经过学界同仁和出版者的共同努力，这套丛书必将日臻完善。

中国人民大学出版社

目　录

序

　　民国九年的夏天，我担任北京大学史学系的主任，那时我看了德国 Lamprecht 的《近代历史学》。他的最要紧的话就是："近代的历史学，是社会心理学的学问。现在历史学新旧的论争，就是研究历史，本于社会心的要素，还是本于个人心的要素？稍严密一点说起来，就是历史进程的原动力在全体社会呢，还是在少数英雄？"Lamprecht 的意思，以为历史进程的原动力，自然在全体社会；研究历史，应当本于社会心的要素。所以研究历史，应当以社会科学为基本科学。我那时就把北京大学史学系的课程，大加更改。本科第一、二年级，先把社会科学学习，做一种基础——如政治学、经济学、法律学、社会学等——再辅之以生物学、人类学及人种学、古物学等。特别注重的，就推社会心理学。然后把全世界的史做综合研究，希望我们中国也有史学的发展。那时史学系中又有《历史研究法》一课，就请金华何炳松先生担任，何先生用美国 Robinson 所著的《新史学》原本做课本，颇受学生欢迎。我那时就请何先生把《新史学》译作中文，使吾国学界知道新史学的原理。不到一年，《新史学》一书果然译成，何先生就叫吾作一序。

我看《新史学》全书，共分八篇。其中：一、新史学，二、历史的历史，三、历史的新同盟，八、史光下的守旧精神，这四篇最重要；四、思想史的回顾，五、普通人应读的历史，这两篇次之；六、"罗马的灭亡"，七、一七八九年的原理，这两篇又次之。它最要紧的话，在第一篇里，它说："新史学这样东西，将来总可以应付我们日常的需要，它一定能够利用人类学家、经济学家、心理学家、社会学家关于人类的种种发明。……这部书所以叫做'新史学'的缘故，就是特别要使大家知道……历史的观念同目的，应该跟着社会同社会科学同时变更的。"在第二篇里，它说："历史家始终是社会科学的批评者同指导者，他应该将社会科学的结果综合起来，用过去人类的实在生活去试验它们一下。"我看 Robinson 这部书，都是消极的话——都是破坏旧史学思想的说话。他积极的话——建设新史学方法的说话——就是第三篇全篇和我上面所举的那几句话。其中尤以"应该将社会科学的结果综合起来，用过去人类的实在生活去试验它们一下"这句话为最简括切实。我读了这几句话，差幸对于北京大学校史学系的课程，改革得尚不算错。

Robinson 在他《新史学》第二篇里，还说：德国 Hegel《历史哲学》"将最高的地位给与他的同胞，所以德国人异常傲慢。……因此历史的研究同著作，就有一种显然民族的同爱国的精神贯注在里面。"又说："从古代到十九世纪初年历史家……研究历史，很是用心的、批评的、以教训或娱乐读者为目的。但是没有一个可以说是科学的。在历史里面，要想发见政治家或军事家的模范，要想推翻异端的神道，要想说明旧教徒是对的，或者新教徒是对的，要想说明世界精神实现自己的步骤，或者要想说明自由是从德国森林里面出来的，永远不回去——这几种目的，虽然有时研究得很深奥，却都是非科学的。"Hegel 的《历史哲学》有一种民族的和爱国的见解，自然和从前的旧史学一样，都应当排斥的。但是 Hegel 的《历史哲学》虽然应当排斥，历史哲学一科和别种科学一样，常常进步的，是不应当排斥！有人说："德国自 Hegel 以后，没有历史哲学，所以历史哲学是没有什么价值的。"不知道德国自 Hegel 以后，还有几个历史哲学的大家。一九一二年美国 Robinson《新史学》出版以后，德国 Mehlis 就有一大部《历史哲学》出版。Hegel 是浪漫主义的历史哲学，Mehlis 是新理想主义的历史哲学，他们的主义是很不相同的。

Mehlis 的《历史哲学》分为三部。第一部，历史哲学的问题，即历史和普通史的理论。其中：一、历史哲学及其问题一般的性质，二、哲学的概念，三、历史的概念，四、历史论理学问题，五、历史的价值论问题，六、普遍史问题。第二部，历史哲学的历史。第三部，历史哲学的体系，即普遍史内容上的构选。其中：一、历史的事象意义，二、普遍史的过程上一般的构造，三、宗教的发达，四、艺术的发达，五、哲学的发达，六、道德的国家的发达。这部书实在是科学的。虽然是历史哲学，它的实质，实在是一种社会哲学。这部书的内容，都是积极的说话，于研究史学的人，很有实际的利益。不过这部书说理很深，未曾研究过社会学哲学，不能领会的。

我国现在的史学界，实在是陈腐极了，没有一番破坏，断然不能建设。何先生译了 Robinson 这部书，是很合我国史学界的程度，先把消极的方面多说些，把史学界陈腐不堪的地方摧陷廓清了，然后慢慢地想到积极的建设方面去。所以何先生译了这部书，是很有功于我国史学界的。

还有一层，Robinson 的《新史学》第六篇，主张历史是连续的，说明断代的不妥，历史的时间须连贯；Lamprecht 和 Mehlis 都主张历史是全人类的，国别史断不能完善历史的功能，所以二人都归宿到世界史或普遍史，把历史的空间连贯。照这样看来，美国的学说和德国的学说兼收并蓄，那么可以达到史学完善的目的；而且他们的学说，殊途同归，都归到社会科学那方面去，可见学问是断不可分国界的。我国史学界总应该虚怀善纳，无论哪一国的史学学说，都应当介绍进来。何先生译了这部书，为我国史学界的首唱者，我很望留学各国回来的学者，多译这种书，指导吾国史学界，庶几不负何先生的苦心呵！

民国十年八月十日海盐朱希祖谨序

译者导言

　　James Harvey Robinson 博士为从前美国 Columbia 大学的历史教授。他的历史知识，很渊博的；他的史学思想，很新颖的。他著有多种历史的著作。就中最著名的，就是同 Breasted 同 Beard 两教授合著的《欧洲史大纲》二卷；同 Beard 合著的《近世欧洲发达史》二卷、《近世欧洲史料读本》二卷；独著的《中古近世史》一卷、《欧洲史料读本》二卷。至于《新史学》这部书，为博士最近名著之一。自从一九一二年出版以来，风行一世，实在是博士数十年来研究同教授历史的结果。书分八篇，各篇统是一种演讲稿的性质，自成系统的。现在我先将这本书的内容大略同读者述了一遍。

　　第一篇是说明新史学的意义，它的大意如下：

　　历史的意义是很广的。历史的材料是很杂的。旧日历史家对于选择史材，实在不甚妥当。例如叙述学问复兴①时代的历史，不说明

---

　　①　本书初版于 20 世纪 20 年代，书中一些外文名词的翻译与现在通行译法或规范译法不同，为尽量尊重原书的风貌，未作改动，例如学问复兴（文艺复兴）、《法意》（《论法的精神》）、阿剌伯（阿拉伯）等。一些译名前后不尽一致，在不影响阅读的情况下，也未作统一，例如达尔文的《物种起源》，书中或译为《物种原始》，或译为《物种起原论》。——编者注

Dante、Petrarch、Lorenzo 是什么人，偏叙南部意大利的朝代战争。又如叙述十八世纪的欧洲史，不说明法国革命的由来，偏叙奥地利国务大臣的更迭。又如叙述法国革命，不说明它的起源，偏叙那时候各封土间的纷纠。总而言之，从前的历史家差不多专以叙述人名地名为极则。他们以为有了一个人名地名的大纲，就可以做历史知识的根本；其余枝叶，日后添加不迟。其实研究历史的，并没有专记人名地名同时期的必要。旧日历史家又有偏重政治史的毛病。实则政治一端哪能概括人类活动的全部呢？此外还有一种专述惊心触目的事实的趋向。其实历史这样东西，并不是小说；而且几件特别的事实，断不能代表人类——各种事业的全部。又有以为人类是处于一治一乱的循环里面的。历史家对于乱事津津乐道，对于平时轻轻略过，以为研究各种制度的和平进步，是专门学者的事业，不是普通人所可能的。其实各种制度的发达，可以使它生出兴趣来。研究历史的只要叙述可以说明人类进步的事实，删去无关宏旨的轶闻，那就好了。

至于历史的功用，在于帮助我们来明白我们自己同人类的现在及将来。从前以为历史是前车之鉴，这是不对的。因为古今状况断不是一样的。就个人而论，我们要明白我们自己的现在，我们不能不记得我们自己的过去。历史就是个人记忆的推广。我们要研究历史，并不是因为过去可以给我们种种教训，实在因为我们可以根据历史的知识来明白现在的问题。因为唯有历史，可以说明现在各种制度。现在社会改良的潮流，一日千里。我们要想有点贡献，先明白现在的状况；要明白现在的状况，必先知道它们的来历。这本书所以定名为《新史学》的缘故，就是要打破俗套，去利用各种新科学上的新学说，而且要使历史同入各种学问革命的潮流里面去。

第二篇是说明史学观念的变迁，它的大意如下：

自古至今，历史的观念已经过许多的变化了。到了现在，史心的发达可谓盛极了。欧洲上古时代的历史家，虽然能够秉笔直书，没有什么宗教的臭味，但是太偏重文学的方面，所以历史几乎变成文学的附属品。

　　自从基督教传入欧洲以后，历史就脱去文学的衣裳，穿上宗教的大褂。基督教徒以为历史是一种人类善恶相战登天入地的说明书。他们总算能够发明一种贯注历史的精神。但是牺牲太大了。有关基督教的事实，虽小亦大，虽轻亦重；无关的，虽大亦小，虽重亦轻。Augustine 所著的《上帝之城》同他的弟子 Orosius 所著的《通史》，就是两个例。历史上宗教的臭味，在学问复兴以后，还是很盛。Bossuet 的著作，就是明证。宗教改革以后，无论新旧教徒，还是利用历史来做宗教战争的武器。如新教徒所著的 *The Magdeburg Centuries* 一书，同 Baronius 所著的历史，就是这两派的代表。到了现在，历史界还没有完全脱离宗教的束缚。Janssen 的《德国民族史》，就是一个最著的例。

　　但是自从十六世纪以来，已经有许多历史家想脱去历史的宗教衣裳，现出它本来的世俗面目。Machiavelli 同 Guicciardini 就是代表。到了十八世纪有 Gibbon、Voltaire、Hume 这班人，不但要使历史变成世界的，而且要代它再穿上文学的衣裳。Bolingbroke 在十八世纪的时候说，历史是哲学的实例，可资借鉴。这句话是不对的，我们上面已经说过。Voltaire 著过一部《历史哲学》同一部《各国民族风俗精神史》，以攻击当日宗教同制度为宗旨，所以没有十分批评的精神。Herder 著了一部《历史哲学》同一部《对于人类史的观念》。他以为人类的进步，有一定的定律。他实在是一个传奇派的先驱。

　　自从十八世纪中叶以后，历史的新兴味最著的例，就是 Montesquien 的《法意》。因此激起了后代宪法史的研究。法国革命初年，史学方面有一种大同主义。革命以后，忽然激起一个民族主义来。这个主义在德国方面尤其发达，因此就有很著名的 Hegel《历史哲学》的出世。他说历史上有一个世界精神，这个精神就寄在德国人的身上。这个学说大大激起历史上爱国的观念。最著名的《德国史材集成》（*Monumenta Germaniae Historica*），不久就出版了。从此德国的历史家如 Ranke、Dahn 这班人，就执世界上历史界的牛耳。政治史这种东西就成为尽美尽善的历史。

　　但是上面所述的种种历史观念，没有一个可以说是科学的。自从近来历史抱有科学的野心以后，就生出两个结果来：第一，就是我们对于过去的史料，加以严密的批评。第二，就是著述历史，秉笔直书。但是批评材料同秉笔直书两件事体，不过是历史科学化的初步，并不是科学化的历史本身。科学的特点是：第一，注重普通的人同普通的事；第二，发现同应用天然的定律。新科学中最初有影响于历史的，要推经济学。Karl Marx 说，唯有经济的解释可以说明过去。这句话虽然不免过当，但是能够注重历史上最普通的而且永久的原质，实在难得得很。后来科学家里面，很有想将历史变为纯粹科学的人，最著的例，就是 Buckle 的《文明史》。他以为人类进化，有唯物的同唯心的两种定律。不过他同 Marx 不同，以为欧洲文明发达得很，所以唯物的定律已不适用。但是我们要知道，历史所谓科学，同化学、物理所谓科学，是不同的。人类的欲望同思想如此复杂，历史的材料如此残缺，Buckle 同 Draper 这班人的梦想，当然没有达到目的的时候。我们知道世界上有人类，至少已经有三十万年了。我们普通所谓古人，实在是我们的同辈。Buckle 这班人并不知道这一点，所以他们要研究人类进步的定律，实在是"坐井观天"。总之，我们要知道历史所以不能成为纯粹科学，并不是历史家的罪过，实在因为历史的材料同他种科学的材料不同的缘故。

　　历史要变为科学的，必先变为历史的才可——就是说，研究历史不但研究历史的"然"，而且要研究历史的"所以然"。十九世纪以前的历史家，统是没有人类进步的观念的。到了现在，我们才知道世界是一个变化的东西。各种制度统是多年进步的结果。"历史的继续"是一个科学的真理。研究变化的程序，是一个科学的问题。这就是历史同文学不同的原因，亦就是历史所以升为科学的缘故。

　　近来有人说，现在各种科学各有历史，历史本身恐怕要瓜分尽了。其实历史的分工研究，不但不会将历史瓜分了，而且同历史本身，有相得益彰的妙用。而且各种分类研究的结果，断不能概括人类活动的全部。融会贯通的责任，还是要历史家独负的。

第三篇是说明历史同各种新科学的关系，它的大意如下：

历史不能不常常重编的。但是重编了，就算了事了么？普通以为历史是一成不变的，史材是有一定范围的。这种观念，统是谬误得很。第一，要知道历史的本身，就已有一种变化；第二，要知道历史的进步，必得他种科学的帮助才行。十九世纪中叶以前的历史，或者附属于文学，或者附属于神学，或者被人利用去激起爱国的热诚。自十九世纪中叶以后，历史方面有了四种新事业：第一，批评史材；第二，秉笔直书；第三，注重普通；第四，破除迷信。但是这几种事业，不过史学进步的条件，不是进步的程序。近来新学问里面的发明，最有影响于史学的，就是史心。这个史心，我们研究历史的人不但不能发明它，而且人家发明以后，我们还不知道去利用它。此外还有不是历史家发明的二个重要的历史学说：一是动物学家 Darwin 的人类进化之说；一是地质学家 Lyell 的人类甚古之说。不料今日历史家还有不承认这种学说是有关历史的！

其实这种学说，比之最有名的历史学说，还要有影响。研究历史的人，应该急起直追，去利用新科学里面的新学说才好。所谓新科学，就是人类学、古物学、社会同动物心理学，同比较宗教的研究。普通以为未有记载以前的历史，可以不必研究的。谁知道未有记载以前，早有人类，而且非记载的史料，有时比记载的还要可靠。所以研究历史的人不研究原人学等，就失去一种正确的历史眼光了。有人说现在的蛮族，无异我们同时的祖先；那么我们要明白古代人类的状况，就不能不研究现在的人类学。至于研究比较的宗教，可以明白各种宗教的起源。

至于研究社会心理学，可以使我们明白人类文化传播的原理。人类是从动物进化而来的。人类同动物肉体上相同的地方，近世比较解剖学已经证明。人类心理上，亦何尝没有动物心理的遗迹？所以我们不能不研究动物心理学，普通以为研究历史的人，哪有许多工夫去研究这类科学。其实我们不必要做人类学或心理学的专家，才能利用各种新学说的。各种新科学对于人类的事业，虽不免有武断的地方，但我们断不可因噎废食的。

第四篇是说明欧洲思想的变迁，它的大意如下：

Bacon 说，我们如今还没有思想史的著作。现在离他说话的时候，已经三百年了，但是还没有一本好好的思想史。普通历史家的注意思想史，有一件事实可以证明它——这就是 Draper 的《思想发达史》一书，虽然一无可取，居然久受大众的欢迎。同时有 Lecky 的《欧洲唯理主义之兴起及影响》一书，虽然比较的好，但是只述最近的三百年。第三部就是 White 的《科学与神学之战争》，可惜书中以攻击神学谬误为主。Stephen 的《十八世纪英国思想史》同 Benn 的《十九世纪英国之唯理主义》，统是很好的著作。Merz 的《十九世纪欧洲思想史》，尤称杰作。最近 Taylor 又著了一部很好的《中古心理》。但是以上诸书，无论好不好，就限于一个时代的，不是思想的通史。其实要著一部思想史，不是不可能的。不过要注重知识的获得同传播方面罢了。

我们知道人类的心理，本来同动物差不多。最古人类的知识怎么样，我们只能根据遗物来断定它。到了埃及时代，人类才有真正的知识。至于狭义的知识生活，实始于纪元前七世纪希腊人。自从 Aristotle 同 Plato 出世以后，知识生活好像很成熟了，无以复加了。到了 Alexandria 时期，希腊知识并没有增加，只有训诂一类，倒很丰富。罗马帝国的末造，希腊精神衰竭了，中古思想发生了。深信超自然的、反对理想的新 Plato 学派的出世，就是知识破产的特征。刚到这个时候，基督教义乘虚而起。不从实际上去求知识，专从知识里去求知识，所以终究失败。十二、十三世纪中，有学校哲学派的兴起，颇具希腊的精神。他们专门研究 Aristotle 著作的译本，但是懂得的人很少，而且尊崇太过了，反足阻止知识的进步。十五世纪的时候，古学复兴了，但是希腊精神并没有重新发见。十六世纪的宗教改革，并不是一种思想的革命。新旧教徒的主张同迷信，还是"一丘之貉"，于知识上并没有什么贡献。

十六世纪末年的 Montaigue 很能表出一种希腊的精神。自从十七世纪初年以后，思想的革命开端了。首领就是 Bacon。他是第一个实验哲学家，打破尊古旧习的第一人。Descartes 比他还要进一步，他的《方法论》，就是一篇脱离过去的独立宣言书，从此西欧一带的批评精神，异常发达。如 Locke、Spinoza、Bayle、Burnet、Blount、Herbert 这班人，统是批评大家。十八世纪中叶以前，各种科学的根基统建设起来了。知识从此进步了，迷信亦从此打破了。

但是如今还有人说，我们的知识还不能超出希腊人之上。这句话是不对的。近世知识里面，至少有五个超过希腊人的特点：第一，就是实验科学；第二，就是进步的观念。到了十九世纪，再加上三个，就是：第三，尊重普通人——就是普通所谓民主精神；第四，工业革命，有了这个革命，思想上就生出两种研究的新资料——改良社会同增进人类的幸福；第五，进化的观念，这是哲学革命的最高点。这统是近世知识超过希腊人的地方。现在为提倡社会改良时代，思想史是很重要的。因为要改良社会，必先改变思想；要改变思想，必先明白思想的变迁才行。

第五篇是说明工界中人应读的历史，它的大意如下：

现在为民主精神最发达的时代，所以普通教育很是要紧。从前的教育，不是为普通人设法的；对于普通的工艺，亦很不注重的。自古代希腊以后，就是如此。我们应该快将教育同生活联络起来，现在受教育的人，大部分是将来从事于工业方面的人。他们应该读哪种历史呢？普通的历史教本，多重政治，在工业学校里是不适用的。

现在从事工业的人，在社会上居大多数。他们应该有一种明白自己职业的知识才好。现在工厂的生活，干燥无味；工人对于自己的责任，太不明了。唯有历史可以救济这种毛病。因为历史可以使他们知道社会的进步，同他们所负的责任；而且可以说明工业怎样发达出来。最初人类的工艺，恐怕比动物还要笨，不过人类能够用脑力同器具，而且能够将各种工艺遗传下来，所以慢慢地超出动物之上。最古人类的遗物，就是石器，可见人类的历史始于工业。埃及时代，人类才有文字。埃及人好像很注重工商业的样子。希腊的工艺亦很发达，但是他们很看不起手艺这种工作，以为这是奴隶的事业。罗马时代的工艺，同希腊差不多。自从十二世纪城市发达以后，做手艺的人慢慢占势力了，大家亦慢慢地不敢轻视他们了。十三世纪以后，二种真理发现了：一是尊重普通的东西；二是应用知识来增进人类的幸福。自十七世纪以后，工业进步了。十八世纪的时候，有了一个工业的大革命。革命的利益虽大，革命的流弊亦多，使工人仍旧变为奴隶一样，但是因此使我们生出一种社会公平同尊重劳工的观念。这是工业革命所赐的。以上所述的，就是工业中人应该知道的。这种事实，不但可以使他们得一种知识，而且可以使他们协同来铲除工业上的种种毛病。

第六篇是说明罗马灭亡的意义，它的大意如下：

历史分期的方法，是不对的。第一，因为人类的进化，不是可以截然分开的。第二，因为各期的事业，往往犬牙交错的。历史的分期，完全将我们历史的配景弄错了。就是近世开端那三件大事——土耳其人陷落君士坦丁堡，新大陆的发现，同 Luther 改革宗教——仔细研究一下，都是不足为凭的。

罗马灭亡这件事，普通以为是欧洲史上一个极著名的界限。这是很不对的。所以这篇文章要将罗马灭亡这件事体，说明一下。

第一，关于五世纪的史材，不但很缺少而且很不好。除了两种法典以外，只有 Procopius、Zosimus、Photius、Constantine、Porphyrogenitus、Orosius、Socrates、Sozomenus、Theodoret 的《中古编年史》，Prosper、Marcellinus、Mominsen 的《意大利编年史》。Ennodius、Claudian、Sidonius、Leo 这班人的著作，零零碎碎地遗留下来。

第二，关于罗马帝国分裂那件事，普通以为自从三九五年皇帝 Theodosius 死后，帝国就分为东西二部了。这话是不对的。因为罗马自从一六一年以后，国内就往往有二个以上皇帝并治国中。试看 Marcellinus 所述那段选举皇帝的记载，就可以明白当时选举皇帝，本很随便，而且皇帝虽然不止一个，国家却单一的。所以 Theodosius 那种分治的办法，并不是创举。他死以后，并没有西罗马帝国这个东西。

第三，我们要知道当时罗马国内的蛮族同罗马人，并没有种族上的畛域的。Alaric 入侵罗马城的时候，很愿意同罗马皇帝开和平谈判的。而且罗马城虽然被陷了，并没有受多大的损失。所以 Gibbon 所述那段 Alaric 陷落罗马的事实是不正确的。

第四，在意大利方面，自四五一年后最有势力的蛮族军官，就是 Ricimer。他废立了好几个皇帝。他死后又有 Orestes 立他自己的儿子 Romulus Augustulus 做西部罗马的皇帝。关于 Odovacar 废立 Romulus 这件事实，史料很少。只有 Cassiodorus《意大利编年史》，Procopius 同 Malchus 那几段记载。后来 Gibbon 根据 Melchus 的话，亦述了一段不确实的记载。总而言之，普通对于罗马帝国分裂同罗马灭亡种种观念，统是毫无根据的谬见。

第七篇是说明法国革命原理的由来，它的大意如下：

法国人宣布《人权宣言》的时候，离今已有百余年了。但是到如今还有人赞美革命前的旧制。对于法国革命，还有赞成的同反对的两派。所以我们要用公平的态度去研究法国革命史，是一件很困难的事体。普通人对于法国革命这件事体，往往不去注意它的好处。其实革命里面，原有一种根本改革的原理潜伏在那里的。一七八九年的原理，有人骂它，亦有人赞美它。关于这个原理的渊源，有说来自 Rousseau，有说来自美国。这篇文章的目的，就是要说明法国宪法思想怎样发展，《人权宣言》怎样发生。

法国的各级会议，原定一七八九年五月上旬开会的。法王忽欲延期到六月二十二日那一天。下级代表就宣言组织国民议会，而且有网球场誓言宣布非立宪不可。普通以为这是突如其来的。其实三天以前（六月十七日），他们已经有了一个相仿的誓言。看他们的誓言，就可以证明法国人的立宪思想，早已成熟了。法王召集国会的宗旨，虽不十分明白，但是当时领袖人物却早有改革政治的存心。至于宪法观念，自从一七一六年五月以后，就常常在高等法院的抗议里面表示出来。法国当时虽然没有宪法，但是国内高等法院早已隐然以保护国家根本法的机关自居了。至于美国各州的宪法同独立的运动，固然有影响于法国的立宪思想，但是并不十分重大。一七八八年五月，法王想废止高等法院。高等法院提出抗议，以保护各省人民权利为言，意在激起各省人民的援助。各省果然有叛乱的举动。这种举动，虽因力争省权而起，却是国家政治革命运动的一部分。

自从法王下了召集国会的决心以后，一七八八年的下半年就有许多小册子发见，大都主张限制君权规定民权为改革政治的初步。就是当时各地人民《陈情表》里面亦都有这种主张——大概不外改良政制规定权利二句话。所以当日法国人对于编订宪法这件事，实在出于自然，不是无中生有的。

我们既然明白一七八八年的危机，同《陈情表》的内容，就可以知道一七八九年六月十七日那个誓言，并不是无根的东西。至于宪法前面那一篇《人权宣言》，并不是一种高谈阔论，实在是一种圆满周到的原理；不是向壁虚构的东西，实在是由经验得来的结果。

第八篇是说明历史光明里面的守旧精神，它的大意如下：

世界上有人类，至今至少已有五十万年。从前以为人类出世，不过六千年。自 Lyell 的《古代人类》一书出版以后，人类甚古的学说于是大盛。假定以十二个小时来代表人类的全史，假定人类的全史只有二十四万年，那么，每小时代表二万年，每分钟代表三百三十三年。最古的文化，到十一点四十分的时候才发见。希腊文化，离今不过七分钟。Bacon 的出世，离今不过一分钟。蒸汽机的发明，离今不过半分钟。照上所述，有二点甚明：一、普通所谓古人，实在是我们同时的人；二、古代人类进化很慢，到了后来速度愈快。希腊人最能利用心力，但是科学上没有多大发明。罗马人亦是如此。中古时代的人，专崇上帝，反对理想。十三世纪以后，Aristotle 的著作虽然复见，但是尊崇太过，适足阻止思想的进步。Roger Bacon 主张学者应该注重普通的事物。他说这句话的时候，离今不过二分钟。新教徒中如 Luther、Melanchthon、Calvin 这班人，统不知道人类是进步的。

自从 Francis Bacon 同 Descartes 出世以后，才将崇古的习惯打破。Bacon 为第一个实验哲学家，鼓吹人类进步的学说很力。进步的观念到十八世纪更盛了。如 Beccaria 同 Condorcet 这班人，统是反对古人、深信进步的学者。到了十九世纪科学发达以后，进步的原理根本益固。它们统来证明人类是果能进步的，果能改良自己的。人类知道自己能够进步，离今不过一分钟。

历史这种东西，从前被守旧的人所利用。实在维新的人应该利用它，去打倒守旧的人的。我们要知道人类中新旧人物的区别，不是天生的，实在是教育的结果。守旧的人往往反对改良的事业，以为改良社会，无异改变人类的天性。这句话是不对的。人类的文化，是由模仿或教育，然后传下来的，不是由父母肉体中遗传下来的。而且人类的本身，就是由动物变来。那么人类天性不可改变的话，更是不攻自破了，守旧的人对于现在制度，是以过去为标准，不以现在或将来为标准的。他们不知道过去人类的进步，他们亦想不到将来人类的进步。或者他们要问究竟进步是什么？我们环顾四周改良的机会如此的多，我们实在懒去同他们再下一个进步的定义！守旧的人又要说，现在有许多东西，固然应该改良，但是恐怕过度了，反足误事，所以他们来做一个缓冲机。这句话亦是不对的。因为维新的人从来没有过度改革的机会过。法国革命中那个恐怖时代，总算唯一改革过度的例了。但是据那个时代的个中人说起来，恐怖时代种种的罪恶，统是守旧的人造成的。总之，我们要改良社会，切不可怕做得太过度。因为今天所谓太过度，到了明天或者就以为太不及了。如今守旧的人是站不住脚的了。从前的改良，以过去为标准，现在我们应该以将来为目标。假使上面的话是不错的，那么我们教育的目的岂不很错么？试问我们统能将进步的观念注入青年脑中么？岂不是我们还是天天教他们去尊崇过去么？岂不是教育这样东西，反变为人类进步的障碍么？

我已经将这本书的大略，同读者述过了。假使读者再将译文细细地读了一遍，就可以看出博士俨然以二十世纪史学革命家自负的态度。洋洋洒洒，真有"目无余子"的气概。

　　他这本书里面最重要主张，统括起来，就是下面几句话：研究历史的人，应该知道人类是很古的，人类是进步的；历史的目的，在于明白现在的状况；改良现在的社会，当以将来为球门，不当以过去为标准；古今一辙的观念，同盲从古人的习惯，统应该打破的，因为古今的状况，断不是相同的。英国哲学家罗素（Russell）将离中国的时候，临别赠言里面所说的几句话，很可引来做一个注脚。他于本年七月初旬在北京教育部会场上说："中国的文化，向来以孔子学说为基础，而又有佛学的意味掺杂在里面。到了现在，已达到自然剥落的地步。既不能成就个人的事业，更不足以解决目下国内外各种政治问题。盖自千年以来，已呈浸衰的气象，渐渐失其庄严。正如欧洲北蛮南下以前，希腊罗马文化失其庄严一样。一味崇拜古人，不问他的价值怎样，这种不好的现象，一定免除不了。我以为一个时代应该自谋适合自己的道理。祖先的方法，在祖先的时代固然适合；但是不应该把它来适合自己的现在的。……"

　　Robinson 博士所说的话，虽然统是属于欧洲史方面，但是很可以做我们中国研究历史的人的针砭。我在北京大学同北京高师里面，曾用这本书做讲授西洋史学原理的教本。同学中习史学的人，统以这本书为"得未曾有"。但是这本书的原本，用意既然深远，造句又很复杂，所以同学中多"叹为难读"。今年春间，高师同学江君奂若愿用他的求学余闲，来帮我从事于单本书的翻译。我们两人就从本年二月起着手进行，差不多经过六个月，才将这书译竟。江君的热忱，实在可佩得很！当五月中江君因事南下的时候，我又得了友人北高教授傅东华先生的臂助，使我不致因江君离京，中辍翻译的工作，我亦很感激的。译完以后，恐怕读者或有不十分明白的地方。所以我又费了许多工夫，将本书里面所有僻典同人地的名字，根据 Wells 的《历史大纲》、Robinson 等三教授合著的《欧洲史大纲》、Robinson 的《欧洲史料读本》、Hazen 的《近世欧洲史》、Adams 的《中古文明史论》、Wood 编的《Nuttal 百科全书》，同 Patrick 同 Groome 合编的《Chambers 人名字典》这几部书，来加上简明的注脚，附在各篇的后面。翻译这本书的时候，我虽然全靠江君的帮助，但是译文同注脚里面，万一有遗漏同错误的地方，统是由我一人负完全责任的。

最后，我还有几句应该特别声明的话：就是我翻译这本书的动机，实在发生于北京大学史学系主任朱逖先先生，同我的同学北京大学政治学教授张慰慈博士两人的怂恿。译成以后，他们两人又代我校阅一过，给我许多有价值的批评同改正。后来我的同学北京大学哲学教授胡适之博士，再代我细细地校阅一番。他们这种提倡学问的热忱，同帮助朋友的好意，实在使我"铭感五中""一言难尽"呵！

何炳松
中华民国十年九月二十三日
志于北京大学

译者再志

　　我译完这本书的时候，在民国十年的夏天。后来我将译本送给适之先生去看，他就发现了而且改正了好几点错误。最后我再拿回来根据原本一字一字地校正，竭力希望我的译本能够"一笔不苟"——我虽然知道这是不容易完全做到的。十一年春间，适之先生又将这本书提出北京大学出版委员会，而且通过了为"北大丛书"的一种。后来因为我等候适之先生曾经答应我的那篇序文，所以这本书迟迟没有出版。不料到了同年夏天，我忽然离开北京，到杭州来办第一师范。这部书的出版，更因此搁了起来。到了今年夏天，适之先生在杭州烟霞洞养病的时候，他很愿意代我着手作一篇序文，又刚刚遇到我的译本正在北大出版部印成讲义的时候，无从依据。十一月中我从北大讲义课取了回来，抽暇改正了许多印刷上的错谬，寄往上海请朱经农先生指教。他就代我向商务印书馆接洽妥当，承馆中人的好意决定将这本书正式出版。经农先生同商务印书馆的帮助，实在很大，我非常地感激他们。同时我仍旧希望适之先生的序文能够迟早之间发现在这本书的前面。

译者

民国十二年十二月四日

志于杭州贡院旧址第一中学校

一、新史学

一

　　就广义说起来，所有人类自出世以来所想的，或所做的成绩同痕迹，都包括在历史里面。大则可以追述古代民族的兴亡，小则可以描写个人的性情同动作：如 Chelles 地方的石斧，同今晨的报纸，都是历史。历史是　种研究人类过去事业的广泛的学问。无论解释亚述瓦上的契约，估计金刚石项圈[1] 的价值，或叙述 Charles 第五[2] 的食物，都是在历史范围以内。Eli[3] 的儿媳，知道了 Ebenezer 地方人民的困苦，生出一种悲伤的感想，这是历史。就是《大宪章》[4] 的条文，"变质原理"[5] 的来历，Santiago 城[6] 的失守，黑衣僧同白衣僧[7] 的区别，以及今年二月一日纽约《世界报》的销数，也是历史。各有各的关系同重要，都可以明白记载下来。

　　当著作家着手参考那厚而密之过去记载，预备做个大纲出来，为那无暇详细研究的人看，那时候他立刻要问他自己，究竟应该选择哪一种材料去教读者注意。他一定觉得这部供给史料的大书，是非常杂乱的，因为这是那班时代不同和思想不同的人——Herodotus[8]、

Machiavelli[9]、Eusebius[10]、St. Simon[11]、Otto of Freising[12]、
Pepys[13]、St. Luke[14]、Abrantes 女公爵[15]、Sallust[16]、Cotton
Mather[17]——著出来的。有的异常谨严，有的好像闲话。往往对于
一个淫荡的官吏，详详细细说了一大章；而对于民族的兴亡，反倒置
之不理。照此看来，要著一部历史，备普通人诵习之用，选择材料和
支配材料的问题，实在是很重要的。但是我们看看所有普通历史的
著作，对于选择材料的必要，似乎没有注意。它们好像统被陈规缚
住了。它们好像不知道有许多可备采择的材料的样子，对于选择材
料，不知不觉地向那条旧路上走去。假使我们想到人类利害范围的
广大，我们的普通历史著作，对于往事的观察，实在太不完全而且
谬误，好像历史家合在一种阴谋里面，要把史学的范围和目的，弄
成一种狭隘的而且无教训的观念。这种很显著的情形，取任何种普通
人所读的旧式历史著作来审察一下，就知道了。

下面的一段文章，是从近代各专门学校通用的一本史要中录出
来的。

嗣 Naples 王 Charles 第二之 Robert 者，Guelph 党之健将
也，而下得逞志于 Sicily。时 Sicily 王为 Aragon 之 Peter 之子
Ferdinand 第二。Robert 之孙女 Joan 第一，不幸遭际艰苦，卒
为下意大利 Anjou 王家之最后男嗣 Charles Durazzo 绞死于狱中，
盖其时正值 Durazzo 总揽朝政也。Durazzo 少子 Joan 第二者，始
则继 Aragon 王 Alfonso 第五为子，继又继 Anjou 之 Louis 第三
为子，最后复继 Louis 第三之弟 René 为子，Alfonso 入承 Sicily
王位后，于一四五三年与 René 及 Milan 伯一战而统一两国焉。

上面这段文章，并不是仅仅一种材料的搜集，备偶然参考之用
的，并不希望我们作一部"对数表"去读。这段文章是从一个名著作
家专述 Dante[18]、Petrarch[19] 和 Lorenzo[20] 时代的意大利那六页书
里面撮出来的。作者做这篇文章的意思，原在预备作自修的人和普通

的读者的一个指导，他自己曾说过：

> 本书期在将重要史事写得有条有理；本书期在说明一时代同
> 他时代或一件事同他件事相互的关系；并由这种历史的继续同那
> 种实例得来的眼光，去激起读者的兴趣，一种干燥无味的毛病总
> 算能够救济了许多。

现在看看这部研究意大利学问复兴的著作，著书的人却仅仅提了 Francesco Petrarch 的名字，把十二分之一的空间费到南意大利继续不断的朝代纷争上面去。照这样看起来，我们可以假定这就是他说的"将重要史事写得有条有理"的观念。但是就上面摘出的那段看，实在难做他所说的"实例"来救"干燥无味的毛病"。

我翻开最近出版的一本书，叙述十八世纪法国将革命时候的欧洲。著书的人应该知道用批评的方法去选择材料，同分配材料的必要，使那个世纪的新精神同新事业，明白叙述下来才是。不料他简直先插入下面几句话：

> Zinzendorf 死于一七四二年；Stahremberg 死十一七四五年；
> Kinsky 死于一七四八年。
> Uhlfeld 继 Zinzendorf 而为有名无实之内阁总理。Barten-
> stein 自一七四〇年至一七五三年任外交总长，彼在秘密国务会
> 议席上极占势力。

这种事实一点亦不错。但是在这个不易明白的世纪中，难道没有比奥地利国务大臣的生死日期较有价值些的事情可以说么？

有一个研究法国革命的历史专家，没有工夫同我们说革命从何而起，偏喜欢把下面的一类事情津津乐道地写了好几段。

　　Aunis 封邑要求离 Saintonge 而独立，Nivernais 皇邑力争其领土应包有公园采邑；而上 Auvergne 与下 Auvergne 之争端又开。Riom 与 Clermont-Ferrand 二城，因争为下 Auvergne 之首都亦起战争，Clermont-en-Argonne 及 Varennes 亦然。Chateau-neuf-en-Thimerais 扬言非 Chartres 之属土，乃皇家之封邑。

　　历史专记人名地名的趋向实在太普通。其实这种名字于读者毫无关系，为篇幅的经济起见，简直可以把他们当做未解决的方程式里的"未知数"看。既然普通多是这样，不由得我们不问为什么一班历史家，定要把那种无关系的无教训的细事写在里面？这是有时因为他们没有注意。作者以为人名地名是重要的，有了它们就可不言而喻了。或者以为名字可以增加他们文章的生气；或者是想用名字做中心，为将来知识附丽的根据。其实名字只用一回，很难增加历史的生气，恐怕反要使它模糊。我可以说，提了 Durazzo、Clermont-Ferrand、Kinsky、René 等名字不见得可以激起历史的研究，恐怕反要增加一般的混乱。

　　但是常常有人说，就是极简单极干燥的大事表，在世界史里面，总可以算个好东西——因为我们至少可以有了一个编年史的大纲，可以作我们的指导，为分纳我们将来历史知识的预备。我们知道了重要的时期，使我们将来能够了解事实。我们预备自己将我们文学上的、哲学上的、制度上的同美术上的知识，安排在一个历史的排规里面。但是现在我们有许多人怀疑这种大事表，觉得它并没有多大的价值。不过这种东西确乎可以动人，因为它不要思想只求记忆，是一种最容易教授的东西。我有一回遇着一位很有学问的大学教授，他在东方住过几年。我问他回教祖逃亡的日期[21]，这种日期和那 Mara-thon[22]、Crecy[23] 战争日期一样，一班人认为凡属读书的人都应该知道的。不料他和我一样的不记得，所以我们就去检字典。倘使我们能够破口说出来，实在可以省却一两分钟，但是我们从来没有觉得缺乏过。

　　有常识的木匠总不常随身带着斧锯；修水管的人也不常背着铅管以备"不时之需"。到了要用的时候，他尽可回店去取他的器械和材料。在现在参考书价贱而且易买的时代，当然无须多记事实作知识战争的预备。凡属一种学问，就是易忘的。当然可以养成真确的习惯和支配适当的观念，但是必须和数学书一样，先有知识后有公式才好。在普通史学的讲授里面，我们往往先以公式给人。

　　急于要教读者注意 Aragon 王 Peter 的儿子和 Zinzendorf 以及"那非历史的地方"Chateauneuf-en-Thimerais 根本理由，就是自古相传，如今还在的，那种偏重政治人物的习惯。Carlyle[24] 说过，离开议会战场同王宫，远远的地方"那种有力思想和行为的潮流，仍是滚滚向前而进"。这几句话历史家多不听他。自古以来，就有人想出许多理由来辩护这种政治和军事的偏重。Freeman[25] 简直说："历史是过去的政治。"Ranke[26] 以为史学的目的，是要明晰我们对于国家由来和性质的观念，因为国家是人类发达的继续的根据。还有一个德国的学者说道，数千年来，国家这种东西——政治的组织，为研究史学的中枢，他并说这是永远应该如此的。

　　如今要讨论国家在历史上的地位，这个问题太形复杂，我们此地不能讨论它，而且也没有讨论的必要，因为没有人敢说历史同国家是没有关系的，也没有人敢说历史上可以不顾及国家的。我们此地应该研究的问题，就是我们有没有让我们的偏心，引我们专去叙述历代无关紧要的朝代史和军事史？它们所占的宝贵地位，是不是应该拿来叙述那些向来轻视的重大问题？什么一个 Louis 或者一个 Frederick[27] 得失了一块土地、什么惨淡经营集合了一个 Cæsar Borgia[28] 一败就瓦解的小公国、什么朝代的战争、少年皇叔的野心、一千年前敌人左右翼的回转，这种事情，岂不是给它们一种不应得的重要么？人类不仅是当兵、做臣民或做君主；国家也决不是人类的唯一利害机关。当中古时代，人类组织了一个教会，无论从哪一方面观察它，比政治机关总永久些，势力总普遍些，就是罗马帝国还不及它。自古至今，人类的事业有海上探险、开拓商业、建筑城市、设立大学、建筑华丽的大礼拜堂、著书、绘画，还发明了许多东西。我们在历史里面，应该包括这几种人类的活动，大家渐渐承认了。但是到如今政治史还是保存它的独尊地位，一班人看过去政治的事实，仍旧当做尽善尽美的历史。

还有一种趋向，好像同上文所说偏重政治人物的习惯相矛盾的，就是普通史书里面往往有骇人听闻的事实。有种史书并不记载人类过去的寻常状况和重要事业，但是像刺激的戏剧一样，故意选择神情古怪的事情。近世某著作家同我们说，法国史总能常常激起我们的注意，因为"近世没有一国（除却法国）经过更多的、更激烈的、更骤然的、更流血的而且更悲惨的大变迁"。"没有哪一地（除却法国）生过更伟大的、更勇敢的、更坏的人物。没有哪一个民族（除却法国人）得过更高的胜利、受过更大的失败。"简言之，就是"法国贡献了一篇近世史中叙事诗"。这位先生是要我们相信在历史上愈讲离奇的事情愈好。有位著名的化学家曾很平心地对我说：历史的正确同我们的历史知识适成反比。我以为还可以加上一句，就是历史有时好像巡警公报一样，它的趣味和它的离奇可谓成正比。

假使好奇的欲望，没有纯粹的小说可以满足它，或者把历史看做乐府的人不给我们一种极残缺而且谬误的观念，那么主张以叙述奇闻轶事为史学的正轨，我们也许可以不反对。但是除了历史以外，没有一种学问是以奇特与否为轻重的标准的。教化学的教师，决不是只限于奇怪的实验，一定故意选择可为模范的而且可以增加智识的东西。钾素同液体空气这类东西，在实验上当然没有水、石灰、硫酸等那样普通。假使有位医学教师，因为恐怕学生厌听疹子、肠热这类病症，就专门去讲演麻风同胰核病，你对他的意见怎么样？除了历史家以外，各种科学家都是尽心竭力去研究重要的而且普通的事情。所有计划都专注于这一点。他们的目的是研究公例，不是研究例外。

假使记载现在的状况，只述了几件骇人听闻的事情，我们都知道这是不对的，奇婚、惨死、毒人的事实、奸情、疯人以及吞下了针过了几年忽然无意中出来，或者误饮鸦片酒当做止痛药水，或者被啤酒大车压坏了等案情，即使一丝不漏记载下来，亦不过现在城市生活画图的一部分。但是上面提过的那本法国史说封建制度不过一种牢狱——潮湿、黑暗、凄凉！——和脚镣手铐。中古时代的教会，无非是一种恶人的诡计，来满足他们自己的贪婪和淫欲，里面有许多欺骗、诈伪同假造的神迹。说真话的不一定可靠。我们可以像"黄报"〔29〕新闻记者一样，叙述事实一味要激起读者的兴味，但是太不管事实的配景了，所以反不如读未加修饰的小说好。还有一个著作家，不说明教会的真内容怎么样，偏说"圣油是真十字架的部分。St. Anne 的木梳同 Virgin Mary 的裙这类东西，笃信的人皆能接近"。他的不正确，同上面所说的一样。

我们不能因为普通历史家偏重某类事实，就可以证明我们不必注意其他有关系的事情。他们叙述一件事实，或者因为它有趣，或者因为它奇离，或者以为读书的人应该知道——八〇年 Philip Augustus〔30〕即位、一六九〇年有 Boyne〔31〕战役。但是历史家如果抱这种居心去选择材料，结果他的书一定独重著名的轶闻和动人的趣事，另外掺杂了几件干燥无味、习俗相沿的事情。

普通以为人类的社会，是在有定期的扰乱状况里面的。历史家往往尽力将人类和平时代大部分进化的陈迹，故意埋没下去。他们述了这一回扰乱，就跳过去述那一回。譬如法国革命这件事实，他们没有工夫去说明旧制——唯有研究旧制，才可以了解革命，他们偏随便引了 La Bruyére〔32〕所说的"那些太阳晒黑的野兽"，同令人厌闻的"吾辈之后必有洪水"〔33〕这句话——立刻就去叙述那个恐怖时代〔34〕，好像这就是法国革命的全部。把这个法国同全欧最宏大、最和平的一个大变迁，看做了第二个 St. Bartholomew 节日〔35〕。其实革命的真正关系，要看它能不能变更一般的状况，同能不能使新的事业去代替旧的。所以旧的，应该同新的研究得一样清楚——而旧的尤要特别注意：因为我们的同情，往往偏于新的方面，而且我们对于近时的知识，总比古时的丰富。所以我们去研究法国非法的逮捕、各业公所、卖官鬻爵等旧制，何以当时有许多有思想的同怀好意的人去辩护它们，比空费时间，任意去谩骂这种制度，好得多了。

我知道关于这一点，一定有人要反对说，制度和逐渐的进化，虽然为研究历史的很正当的目的，但是唯有大学学生或有心学者，才有研究它们的能力，至于普通的人就不行了。普通以为唯有奇特的事件同动人的情形，方在人类的自然兴趣以内，又以为对于历史上个人的影响，必须故意言过其实一些，因为发达和进步的趋向，不是普通读者所易领会的。所以我们要把真正历史的继续，代以伪造的继续，把事实系在君主的系统上——Magnus 第六[36]（1263—1281 在位）之后，就是 Frick 第二（1281—1299 在位），下去是 Hakhon 第五（1299—1320 在位），再下去是 Magnus 第七（1320—1365 在位）。可是最著名的朝代名字，始终只有这个名字罢了。即使我们知道皇帝Rudolf[37] 是个学者，是个天文家，和他同时的法王 Henry 第四[38]是个优柔寡断的人，这种知识断不能帮助我们去领会最重要同最有价值的历史真理。这个真理，就是历史教给我们的——"历史的继续"。

倘使我们想得一种方法，能够使社会的状况和制度生出兴味而且易于了解，并有真正的联络——上文的"历史的继续"——去代替君主的系统来编辑历史，那么那班怀疑根本上改变现在流行做史方法的人，也许就会取消他们的反对态度。现在我深信制度这种东西，实在不过一种民族的习惯，能够使它生出兴味来。我所谓制度，是就极广义说的，包括过去人类思想的和动作的方法，以及政治以外的各种事业成就和风尚。历史上无论什么事情，无非就是这种制度的表现。假使事实选择适当，可以使制度明白异常。

向来著述家还有一种习惯，这就是为事实而去记载事实。我们仔细考虑一下，就知道应该删除例外的和偶然的变故，详述那种可以说明历史真理的事情。而且有一种极简单的原理可以决定哪种事实是有关系的、有用的、应该记载的；哪种是没有关系的，应该删除的。这件事实能够帮助读者领会人类进化的某个时代的意义或某种制度的真性质么？假使能够的，我们就应该当它做一个达目的的好方法，愈详愈好。它的固有兴趣，一定可以便利我们的著述，不会妨碍我们的著述。或者问那件事情是否偶然的、孤立的、异常的，如Rienzi[39]故事、"九月杀戮"[40]或Marat[41]被刺等一样？假使是的，我们就不应该包括在历史著作里面，因为无论它们怎么样有趣或可怕，它们可以贻误读者，反将它们对于人类一般的利害、成见同永久的事业的注意，中途打断。

假使我们上面所述的对于一班历史家的通病，没有不公平的地方，我们可以综合作下面几点：

（1）随便包括人名地名，并没有什么意思，不能激起读者的思想同兴味，适足以压下他的精神。

（2）不讲别的重要事情，专偏重政治事实的记载。

（3）喜述最不普通的故事，不是因为它们可以说明人类状况的进化或者某时代的一般情形，只是因为它们在编年史上很特别。这种可笑的结果，就是失了历史的配景，把疯狂的新闻记者像Marat这种人，说得比最有影响的著作家Erasmus[42]还重要。

二

上面那篇文字专门叙述欧洲历史的历史，而且说明从前历史观念的变迁。我们可以知道史学观念是常常有许多变化的，所以将来也很可以另有一种极新的观念发生。历史这种东西好像"一个果园，里面种有各种不同的树木；而且生出各种味道不同的果子"。

历史可以娱乐我们的幻想，满足我们急切的或随便的好奇心，试验我们的记忆力，同Bolingbroke[43]说的贡献一种"可信的蒙昧"。但是历史还有一件应做而未切实去做的事，就是帮助我们明白我们自己和同胞以及人类的问题同希望，这就是历史的最大效用，也就是普通所最不注意的一件事。

虽然自古以来，就有人主张可以从过去的事实里面得一种教训，如政治家、军事家的先例，道德的指导，同安慰普通人的那种天道好还的例。但是现在普通历史家都怀疑这种效用，以为纯粹是一种幻想。我自己就很不愿意他人说我是主张这种效用的一个人。这种效用的价值，根据这个假定：以为自古至今，人类的状况始终一致，没有什么变化，所以各种事业，都有一种为永久先例的价值。就事实说起来，人类的状况——至少在我们现代——变化如此的快，所以要想利用过去的经验，去解决现在的问题，是一件危险的事情。而且我们对于假定相同的过去状况，难得有十分可靠的材料，能够使我们利用起来，去应付现在的需要。照这样看起来，"历史教我们"这句话，就是这种假定的变相，实在受不起我们的研究。当我说历史可以使我们懂得我们自己同人类的问题和希望时，我另有一种意思，这种意思，我想要读者注意他自己对于自己历史的应用来说明一下。

我们要懂得我们自己某时的状况，几乎全靠我们记得我们过去的思想和经验。试举一个最近便的例：读这本书的人，要知道他自己现在为什么要读这一页的书，他就不能不将他自己的历史研究一下。假使他睡得很熟，忽然惊醒，他的记忆力或者骤然丧失，他许看看他房里四周围的情形，他一定不晓得他自己究竟在什么地方。虽然各种用惯的器具都在他的目前，也不能使他明白他自己，除非他的记忆力来帮助他，使他想起过去的一部分。当记忆力暂时停顿的时候——如昏倒初醒时，或者麻药退下之后——有时如此的难受，所以几乎成为一种知识的痛苦。我们在平常的时候，记忆力自然而然地从我们许多记忆里面，将那种过去的经验同思想选择出来，帮助我们来明了自己的现在。这种记忆力的作用，如此容易而且如此有效，所以我们不觉它对于我们有什么作用同我们依赖它的地方。记忆这样东西，如此的迅速而且如此的正确地以我们的过去来供给我们的需要，将现在弄得明明白白。所以我们误以为"现在"这样东西，是可以不解而自明的，"过去"这样东西，除非我们故意要去记它，否则是死的、没有关系的。

我们所谓历史，同我们个人的记忆，看起来好像不同，实在是差不多的。因为我们脑筋里面所记得的许多东西，并不是纯粹我们个人的经验，包括许多听来的或从书籍里面得来的东西。它们在我们的生活上，占一个很重要的位置。假使读这页书的人，停下来想一想，他就要想出许多前事引到他坐在这间房子里面，能够读英文，有工夫来读这本书，同注意研究历史的讨论。假使他忘记了这种种前事，他自己就要莫名其妙了。他的记忆的一部分，是他自己的经验，但是许多是属于历史方面的：就是听来的，或者是从书籍里面得来的。

假使读者以为我上面所说的话，是限于当时的印象或个人的经验，那么我所说的话，就不能十分动听了。我们要知道我们脑中所有的知识，同我们自己个人经验有关的，实在很少。我们自己的生日、同 Artaphernes[44] 或者 Innocent 第三[45] 的生日，都是纯粹历史的事实，我们都不能不仰仗他人来证明这两件事。

照这样看起来，我们的记忆，不知不觉地同普通所谓历史混合起来了。从这一点看，历史这样东西就是一种记忆力的扩大，可以用起来明了我们的现状。假使我们能够得一种似神的十分完备的历史知识，比自古以来所有的历史还要完备，那么，我们对于世界，就可以得一种似神的了解，而且对于人类的苦痛和种种补救的方法，亦可以得一种似神的洞察。这并不是因为过去可以供给我们行动的先例，这是因为我们完全知道了过去，便可以完全明白现在的情形，我们就可以用来做行动的根据了。现在我们研究过去，还不能以获得社会的、政治的、经济的、宗教的、教育的、种种问题的知识为目的。好像我们解决个人的问题一样——例如应不应该访友同投机、应该读哪种书——不知不觉地以我们记忆的光明来决定现状。历史家还不能尽力供给我们一种改良人类现状的原理。因为自古以来历史家对于他们自己职务的观念，实在同我们不同，所以假使有留心现代问题的人，请他们来回答现在的种种问题，他们一致地有种种理由来求人家原谅：有的要说史家的职务，原是专门研究君主、国会、宪法、战争、条约同领土变迁的；或者说现代史断不能完全无缺的记载下来，所以我们断不能希望将过去同现在联络起来，历史同现在的中间，始终要留一个空间的；或者说假使研究历史有了目的，那就违反那种做科学研究根据的客观主义的原理了。有上面这种种理由，所以我们现在所有历史的著作，好像一个很坏的脑筋，所记的事实统不足以应付我们的需要。历史在实用上的价值，到如今还没有显著，就是这个道理。

要说明我们明白现在全靠明了过去这个道理，读者只要知道我们现在的制度大部分都从古代相传下来的，而且唯有过去能够说明它们的来历。罗马教会[46]、陪审官制度[47]、内阁制度[48]、法学博士的学位、《普通祈祷书》[49]同"七艺"[50]这几种制度发生时候的状况，同现在的状况很不相同。我们现在所有宗教的、教育的同法律的思想，都是从过去发达而来的，并不是现在状况的出产品。有件最奇怪的事，就是我们思想习惯的变迁，比我们环境的变迁慢得多，而且往往差得很远。我们对于某种礼俗的尊崇，往往完全是由于守旧的习惯，并不是因为它对于现在有多大的价值。我们常常不免用旧眼光来观察新问题，或是用旧论理来解决新问题。我们始终不能适合于我们的环境，这就是一个重大的理由。我们对于教会同它在社会上的职务、资本家、教育、纳税、遵守礼拜日、贫苦、战争、种种制度的观念，同现在的状况实在没有什么大关系。如说礼拜日的制度，是上帝从 Sinai 山[51]上云中所规定的，这种话决不是十九世纪的美国突然产生的，但是这个信仰，现在仍旧能够影响许多人的行为。我们纳税的时候，仍旧很不愿意，好像还是一种封建君主或诸侯的勒索，不想这就是我们自己的代表规定下来，供给我们的公共用途。有许多人还以为战争这件事体，还是同个人的雄武的关系来得多，同钢铁公司关系来得少。守旧的校长们，觉得不能不辩护学校里面应该保存古学同"七艺"，但是并没有明白为什么他们竟负有这个责任。至于旧式经济的同法律的思想上种种谬误的地方，要好好地叙述它们，非一大卷不可。

现在的社会用很大的、空前的力量去改良它自己。现在我们对于世界的同人类的知识，从来没有这样大过。现在人类的善意同社会的活动，亦从来没有这样多过。我们个人对于改良社会的事业，当然负有一部分的责任。但是我们要尽我们的责任，不能不先明白现在的状况同思想；我们要明白现在的状况同思想，不能不先明白这种状况同思想的来源。总而言之，我们应该大大地发展我们的"史心"。因为它可以在我们知识上增加一个重要的原质，而且可以提倡我们合理地进步。从前的现在，自愿做过去的牺牲。如今我们要向到过去，要利用过去，来谋划现在了。

"新史学"要脱去从前那种研究历史的限制。新史学这样东西，将来总可以应付我们日常的需要。它一定能够利用人类学家、经济学家、心理学家、社会学家关于人类的种种发明——五十年来的种种发明，将我们对于人类的来源、进步同希望、种种观念革命了。五十年来没有一种科学，无论是有机的或无机的，不受重大的变化，而且有许多新科学增加出来，它们的名字，在十九世纪中叶以前的历史家亦都不知道。史学这种学问，当然免不了混入这个革命潮流里面去。不过我们不能不承认现在有许多历史家，还不知道历史有革命的必要。无怪现在普通人对于历史的范围同性质的观念，还是陈腐得很。

这部书所以叫做"新史学"的缘故，就是特别要使大家知道历史不是一种停顿下进步的学问，只要改良研究的方法，搜集、批评、融化新资料，它定能进步的。历史的观念同目的，应该跟着社会同社会科学同时变更的，而且历史这种东西，将来一定能够在我们知识生活里面，占一个比从前还要重要的位置。

【注释】

〔1〕当法王 Louis 十六在位时代，巴黎珠宝商某有金刚石项圈一，以金刚石五百颗缀成，价值八万金镑。有女人名 Motte 者伪为介绍于王后 Marie Antoinette，实则彼阴携往英京伦敦破而售之。未几珠宝商向王后索价，王后矢口不认，始知被骗。此案迁延九阅月，Motte 夫妇均受重刑。王后之声誉亦因之大减。

〔2〕德国皇帝，一五〇〇年生，一五五八年卒。

〔3〕Smilon 之僧侣，为以色列司法官者凡四十年。

〔4〕一二一五年六月五日，英王 John 被贵族所迫而颁发者。至今为英国宪法中之重要部分。

〔5〕基督教之"变质原理"，其来甚古。自一五四五年至一五六三年在 Trent 宗教大会中，始明白规定其意义如下：

凡行"圣餐礼"时所用之面包与葡萄酒，一经教士之奉献，即变为耶稣之肉与血。食之饮之，可以入圣。

〔6〕古巴岛之重镇，于一八九八年美国与西班牙战争时，为美国所占。

〔7〕十三世纪时代之托钵僧，Dominic 派曰黑衣僧，Carmelite 派曰白衣僧。

〔8〕纪元前五世纪时之希腊历史家，生于小亚细亚之 Halicarnasus 地方，世称之为"史学之祖"。

〔9〕意大利之政治家兼历史家，一四六九年生于 Florence，一五三〇年卒。著有《君主》一书，至今传诵不绝。

〔10〕有名之基督教著作家，约二六四年生于犹太，三四〇年卒。著有《世界史》，至纪元后三二八年止。

〔11〕法国 Louis 十四时代之廷臣兼外交家。一六七六年生，一七五五年卒。著有记载当日时事之《笔记》。

〔12〕为 Freising 主教，十二世纪之名史家。著有《世界史》，颇具批评能力及哲学眼光。

〔13〕英国人，一六三三年生，一七〇三年卒。著有自一六六〇年至一六六九年间之《日记》。

〔14〕希腊人，于纪元后六三年以前著基督教《福音》。

〔15〕法国名将 Abrantes 公 Junot 之妻，一七八四年生，一八三八年卒。著有自一八三一年至一八三五年间之《笔记》。

〔16〕罗马历史家，纪元前八六年生，（纪元前）三五年卒。著有《Catiline 阴谋记》、《Jugurtha 战记》等书。

〔17〕美国教士，一六六三年生，一七二八年卒。深信巫术，著有《新英吉利教会史》，原名 *Magnalia Christi Americana*。

〔18〕意大利名诗人，一二六五年生，一三二一年卒。著有《神剧》。为学问复兴之先驱。

〔19〕意大利诗人，一三〇四年生，一三七四年卒，为学问复兴时代第一古文学者。

〔20〕Florence 之名人，握有政权。提倡文化权力。一四四八年生，一四九

二年卒。

〔21〕六二二年回教祖穆罕默德由 Mecca 逃至 Medina，史称逃亡之期为 Hegira，为回教徒纪元元年。

〔22〕纪元前四九〇年，希腊人大败波斯人于此。

〔23〕一三四六年，英法"百年战争"中英王 Edward 第三败法国骑兵精锐于此。

〔24〕英国著作家，一七九五年生，一八八一年卒。著有《法国革命》、《英雄及英雄之崇拜》、《Oliver Cromuwell 之信札及讲话》、《普鲁士王 Frederick 第二传》等书。

〔25〕英国人，一八二三年生，一八九二年卒。著有《Norman 入英史》。

〔26〕德国名史家，一七九五年生，一八八六年卒。著有《十六十七世纪罗马教皇史》、《宗教改革时代德国史》诸书。

〔27〕均君主之名，在欧洲史上数见不鲜者。

〔28〕教皇 Alexander 第六之第四子，一五〇七年卒。

〔29〕美国人称颠倒黑白、淆乱是非之新闻纸曰"黄报"。

〔30〕法国之王，一一六五年生，一二二三年卒。

〔31〕爱尔兰河名，英王 William 第三败 James 第二之军队于此。

〔32〕法国著作家，一六四五年生，一六九六年卒。

〔33〕相传为革命将起之际法王 Louis 十五及其佞臣之言。述法国革命史者，多引用之。实则空泛之言，无关宏旨者也。

〔34〕自一七九三年九月始，至一七九四年七月止，为法国革命时代杀人最多且酷之时期，故名。

〔35〕一五七二年八月二十四日，巴黎有虐杀新教徒之举，全国响应，死者二千人，或说一万人。

〔36〕挪威国王之名。

〔37〕德国皇帝，一五五二年生，一六一二年卒。

〔38〕一五五三年生，一五九四年即位。信奉新教。一六一〇年被刺而死。

〔39〕一三一三年生，一三五四年卒。因反抗罗马城中之贵族，自称"罗马保民官"以叛，卒被刺死。

〔40〕一七九二年九月中法国革命党中之激烈者，主张尽杀巴黎城中之王党罪囚以弭隐忧，因之被杀者计八百人，或说一千四百人。

〔41〕法国革命中之激烈党人，一七四三年生，一七九三年被刺死。

〔42〕荷兰学者，一四六七年生，一五三六年卒。

〔43〕英国政治家及著作家，一六七八年生，一七五一年卒。

〔44〕波斯名将，纪元前四九〇年曾率 Darius 第二次远征队入侵希腊，无功而还。

〔45〕罗马教皇，一一六一年生，一二一六年卒。

〔46〕当纪元后四世纪末造，基督教之中心有五：即罗马、君士坦丁堡、Alexandria、Antioch、Jerusalem 五城是也。至八世纪时，罗马竟为基督教之首都，而罗马主教遂渐握大权，有同基督教之首领，世遂以教皇目之。求其得势之原因，可得九端：（1）相传耶稣高足弟子彼得为先入罗马之人；（2）罗马原系帝国之政治中心，教徒心目之中遂视为宗教中心；（3）罗马帝都东迁之后，教皇遂独当方面；（4）罗马主教当北蛮南下时，隐为罗马城之保护者；（5）罗马帝国西部瓦解之影响；（6）罗马本为传道之中心；（7）Antioch、Alexandria、Jerusalem 诸城，相继入于回教徒之手，唯罗马能维持基督教之正宗；（8）罗马教皇兼领国土，实力雄厚；（9）罗马教皇每系多才多识之人任之。

〔47〕始于英国一三五〇年 Edward 第三时代。因其时基督教会有禁止《神诉》之举也。至今为英美两国宪法中之要素。

〔48〕英之内阁制，始于十一世纪。英王自为主席，其余重臣三四人，列席备顾问而已。至十八世纪初年，George 第一自德入承英统，因不谙英语，乃派总理一人出席阁议以自代。一七二一年 Robert Walpole 任内阁总理后，责任内阁制遂完全成立矣。

〔49〕一五四九年英王 Edward 第六命 Cranmes 大主教根据罗马旧教祈祷书编订而成。

〔50〕中古西欧大学中，专授"七艺"：拉丁文法、修辞学、论理学（谓之"三文"）、算学、几何、天文、音乐（谓之"四理"）。

〔51〕红海北端半岛上之山。相传 Moses 受耶和华之《十诫》于此。

二、历史的历史

一

历史这个名词，意义异常模糊，而且二千五百年以来，它的性质同目的，经过许多的变化，所以我们要懂得现在各种关于历史关系同研究方法的观念，不能不将历史本身的境遇研究一下。假使我们追溯历史的历史，从 Miletus 的 Hecataeus[1] 同 Herodotus[2] 起，到现在的博士论文，就可以知道史学的观察点，始终没有一定，它始终做陈规的同暂时状况的牺牲。历史的野心，已经放弃了一部分，它的不完备，因为自己有了觉悟，亦曾经矫正了，但是这种受辱的地方，有种东西来赔偿它的——就是近来史学的范围，不知不觉地大加扩充了。五十年以前的人以为人类的过去，不过六千年；到了现在，我们知道人类的过去，实在有几十万年。而且不但人类有历史，就是动物、植物、岩石、星象，甚至于原子，也有它们的历史。所以动物学家、植物学家、地质学家、天文学家，甚至于化学家，都来崇拜历史。

照这样看起来，史心的发达，或者是一个现代知识上的特点。史心这样东西，不但大有影响于社会科学，就是我们对于所有有机的同无机的世界的观念，也大受它的影响。但是历史最初的时候，并没有什么高大的目的。最初发明历史的，一定是说书的人，他的目的往往在于讲述故事，不一定贡献一种有系统的科学知识。所以假使我们以为自古以来的历史为文学的一部分，它的目的无非用美术的方法去表现过去的事实，将古代伟人的事业同境遇、国家的兴衰、天灾人祸的交乘，来满足我们的好奇心，我们的眼光不会十分不对。就是到了现在，还是如此。

这种历史观念的存在，虽然可以不必再加以说明，但是下面这段文字我们去注意它一下，倒是很有兴趣的：就是在一八二〇年的时候，还有一位法国有名的史学家 Daunou 这个人，当他在 Collége de France 演讲历史的研究的时候，竟说要做一个历史家，应该先读乐府的名著，因为叙事的方法是诗家创造的。他说再继续去读近世的小说，可以模仿"它们那个给予人同事以美态的方法、分配琐事的方法、连贯文字的方法、中断叙述的方法、继续叙述的方法、维持读者注意的方法同激起读者兴味的方法"。既然读过诗同小说，再去读历史的名著以研究文体为主——Herodotus、Thucydides[3]、Xenophon[4]、Polybius[5]、Plutarch[6]、Cæsar[7]、Sallust[8]、Livy[9]、Tacitus[10]、Machiavelli[11]、Guicciardini[12]、Ciannone[13]、Hume[14]、Robertson[15]、Gibbon[16]、Voltaire[17]，既然建设了一个美丽的文学根据，学者可以再去读史学的名著，注意它们的内容，因为要著作历史"显然要知道历史"。我们看看 Daunou 所定的步骤同他所举的名单——固然是自古以来最有名的——可以证明文学习惯的势力，在历史家方面，实在很大。

但是历史同文学，至少形式上，自然自古以来就有区别的。纪元前二世纪时候的 Polybius 曾经特别注重这一点。他说："一个历史家的目的，不应该用许多的奇异的轶事去惊动读者，也不应该记载或者曾经说过的话，也不应该同编戏曲的人一样去分配史事，实在说起来，历史家最重要的职务，在于记载实在的事体，不问它怎样平常。"

但是古代的历史家对于 Polybius 所说的话，差不多都不注意。

他们的目的，往往用伟人大事来激起读者的兴味，或者叙述而且解剖政事家、军事家的政策，预备读者服务公家的参考，或者叙述古人的艰难困苦，来教读者忍受逆境。这几种目的——激超兴味的、教训的、有教育价值的——都显然可以用文学的方法去达到的，并不要一种历史的苦心研究。

在 Thucydides、Polybius 同 Tacitus 三人的眼光看起来，历史这样东西是纯粹人类的、世俗的。历史的关系以这个世界为限。神道的或造物的势力，断不能在历史里面占据一部分的地位，但是从基督教教会建设以来，历史这个东西，就开始有宗教的同神学的意义了。

二

照最初基督教徒看起来，《旧约全书》里面所述的 Hebrew 史，很可以证明他们那个耶稣下凡救世的主张。他们用一种寓意的解释，往往将古代一件偶然的事，说得同现在有极密切的关系。所以发明历史的真精神，恐怕要推基督教徒为第一，因为他们以为历史这样东西，是一篇神诗，从创造人类起到最后善恶分明止。

但是这种神学的历史"继续"同意义的获得，大大牺牲了所有正确的同世俗的配景。他们将 Amorite 人[18] 说得比 Carthage 人[19] 还重要。他们对于 Enoch[20] 同 Lot[21] 看得极有关系。至于 Pericles[22] 是一个什么人，他们绝对的不知道。这种寓意的解释，使文学的同历史的批评，虽然不是对于上帝真理的怀疑，亦生不出关系来。后来 Augustine[23] 又提出一个复杂的可嘉的二城主义：一个是上帝之城，它的存在可以在《旧约全书》里面述到《新约全书》里面；一个是魔鬼之城，为堕落的天使所建设的，它的存在从 Belus 王[24] 同 Semira-mis 后[25] 起，一直下来到罗马帝国时代止。历史从此变为神圣的同非神圣的。用幻想解释的犹太史，继以基督教的神秘史同殉道史，就是世间尽善尽美的历史。

在 Augustine 的弟子 Orosius[26] 眼光里面。无所谓埃及、希腊、罗马的事业。他所见的只有异端国家的灾害。他承他的师命，著了《七卷反对异端的历史》。他的目的在于答复那班不信基督教的人，因为他们以为自从他们放弃了古代的神道，他们很受苦痛。Orosius 以为基督教没有出世以前，人类的死亡实在异常厉害。他要证明这句话，所以将古代史中战争、瘟疫、饥馑、地震、水灾、火山爆裂、雷、电、风、雹，同种种罪恶的实例，集成一部著作。他这部书作当时世界史的标准教科书，差不多有一千年之久。中古时代的教徒很喜欢读它，而且教会中人也很赞成它，所以 Orosius 同读他的书的人所谓历史，就是一种上帝罚恶的记载。

但是我们不必加以争辩，一看就可以知道 Orosius 对于历史目的同效用的观念，同希腊、罗马人的观念是不同的。在上古时代，历史有一种模仿诗同戏曲的危险。到了中古时代，它又闭了眼被文学的劲敌神学带走了。中古时代的人，将希腊、罗马的史家完全忘记了，所以 Orosius 的历史淆乱欧洲历史的眼光至一千年之久，一直到了 Thucydides 同 Polybius 再恢复它们的本来面目时方止。

但是即在古学复兴之后，历史上神意的观念，还是没有消灭。Bossuet[27] 所著的《通史》（*Universal History*）里面，关于这一点表示得很明白。他以为自古以来所有的大事，隐隐之中都有天命存在里面：

> 上帝握有世界各国最高之权；全世界之人心均在其掌握之中。彼于人类之情欲，或制之，或纵之，故其力足以左右人类之全部。一旦上帝有造就英雄之意，则恫吓之，激动之，使其军队有百折不挠之精神。一旦上帝有造就立法家之意，则与以眼光及智慧，去政治之弊，立安宁之基。上帝知人类之知识有限，或使之明、或使之晦、使之智、使之愚，使人类不能离其范围而自立。此上帝所以能依据公平之规则生杀予夺人类也。

　　不幸这种天神玄妙的性质，开了许多意见冲突的门。在 Bossuet 的眼光看起来，所有的历史无非表示上帝爱护旧教同痛恶叛离旧教的人。在新教这方面，Luther[28] 以为历史可以帮助他攻击"栖于罗马的那个魔鬼"。他死后不久有一班新教徒编了一部很大的教会史——叫作 *The Magdeburg Centuries*——在这部书里面，他们要想证明罗马教皇同旧教教会的来源是魔鬼的。后来 Cardinal Baronius[29] 著了十二卷的书，说明那班"胆敢反对天帝教会的人所受的天理报应"。在后三百年间，新教徒同旧教徒都用历史来作宗教战争的利器。就是到现在，有许多历史的研究，还有宗教的偏见。但是他们的争执虽然利害，倒很能激起许多历史的研究，假使没有这种有党争性质的东西——如 Raynaldus 续 Baronius 的著作，同现代 Janssen 的《德国民族史》——我们历史界的著作，恐怕就不能如此的丰富了。

　　在新教徒同旧教徒的眼光里看起来，历史上最大的、最显著的、最确定的势力，就是神同鬼。但是从十六世纪以来，我们对于上帝的观念，同对于历史的观念，已经大大的变更了，所以现在难得还有历史家相信上帝赏善罚恶的能力。至于魔鬼这样东西，历史上的事实差不多很少可以归功于它。

三

　　当十六世纪之时，Machiavelli 同 Guicciardini 这班人将历史的观念转到世俗的方面去，这种情形，到了十八世纪更加显著。Gibbon、Voltaire、Hume、Robertson 这班人，不但将历史变为世俗的，而且使他们政治史的记载，有一种古代美丽的文体。

　　Bolingbroke[30] 在他的《论研究历史》书里面说："无论哪种学问，既然不能使我们成为较好的人或较好的公民，这种学问最多不过是一种虚有其表的同诈伪的懒惰。……而我们所得的这种知识，也不过是一种可信的蒙昧。这一种可信的蒙昧，照我看起来，就是我们普通研究历史所得的全部好处；但是研究历史比较的最可以训练我们的私德同公德。"他又说历史这样东西，大部分人当它是一种娱乐去读，好像他们打牌一样。有许多人因为要"言皆有物"起见，所以他们要研究历史——现在还有人说因为要懂得有名的文学上的事实同人物起见，所以我们应该知道一点历史。Bolingbroke 又说，思想较少的学者往往专门去抄写无用的稿子，解释难懂的字句，根据靠不住的材料去编辑幻想的编年史，就很满足了。他说同这种人相反的，就是以为历史这种东西不过是一种"用实例去教的哲学"。他以为"历史里面的实例，经过历史家文笔生动的描写、公平的解释同批评"，影响当然比干燥无味的论理哲学来得优美而且永久。而且我们研究历史，我们可以不费一钱，不用冒险，去利用人家的经验。历史可以使我们"同生在我们以前的人同住，而且住在我们没有见过的地方。地方加广了、时间增长了。所以我们假使早去研究历史，几年工夫，当我们没有插足于世上的时候，我们不但可以得一种很丰富的人类知识，而且可以得数百年的经验"。我们个人的经验，本来有两个缺点：因为我们生得太迟，不能看见许多事物的起源；死得太早，不能看见许多事物的结局。历史这样东西，很可以弥补这几种缺点。

Bolingbroke 所主张的历史可以使我们做好一点的人同公民那种效用，自然并不全是他发明的。Polybius 曾经看出历史可以做政治家同军事家的一种指导。古代许多历史家，希望以过去道德上的成败，来提倡道德同抑制不道德，以为这就是他们著作历史的理由。但到了现在，难得有一个历史家还敢劝导政治家、军事家同道德家去相信历史上的成例同劝告，因为所谓成例，仔细研究一下，实在是一种幻想；所谓劝告，实在一点没有关系。究竟 Napoleon[31] 当他从事战争的时候，有没有利用 Alexander 同 Cæsar 的经验，我们不管它；至于那个东乡大将[32] 并没引用 Nelson[33] 在 Alexandria[34] 同 Trafalga[35] 的战术，那是可以断定的。我们的状况，变化得如此的快，所以好像一百年前的政治同军事的先例，到了现在，差不多就没有价值了。至于我们的道德，从前 Sardanapalus[36] 同 Nero[37] 的昏暴，以及 Aristides[38] 同 Horatii[39] 这班人的贤明，显然都没有提倡我们的道德的能力。

到了十八世纪，有许多历史哲学的著作发见出来，很受大众的欢迎。这种著作本来是一种要想捉摸同解释人类过去进步的结果。Augustine 同 Bossuet 的目的当然也是如此。但是 Voltaire 于一七六五年著了一部《历史哲学》专门来攻击当时的宗教，他不能供给我们一种历史的原理，他不过选出许多所谓"有用的真理"。他在他的《各国民族风俗精神史》（*Essai sur les Moeurs et Esprit des Nations*）里面，向 Madame de Chatelet 说：

> 在这本书里面，你可以找出什么你应该知道的东西；各重要民族的精神、风俗和习惯，用事实去证明它们。这种事实，我们不能不注意的。这部书的目的，并不是要知道哪一年在一个野蛮国里面有一个野蛮的君主去承继一个无价值的君主。假使不幸将历代的年表放在脑中，那么我们所知道的，不过文字罢了。既然我们应该知道君主种种利民的举动，那么我们就不应该将无关紧要的君主装在我们的记忆里面。……历史的材料异常复杂，所以不能不加以限制同选择。我这本书好像一个货栈，你可以拿你所喜欢的东西。

Voltaire 对于过去的反动，我们看看他对于当时的态度，就知道了。他所选的事实，专门为他自己那个反对现状的运动起见。他的著作，在我们现在看起来，虽然没有批评的精神，但是他自己的目的，总算达到了。

Herder[40] 于一七七四年著了一部《人类的历史哲学》，里面狠骂 Voltaire 这班人学问的肤浅，同著作的不经意，以为他们这班人，硬要将人类同宇宙的历史，归纳到弱小哲学的范围里面去。十年之后，他又著了一部《对于人类史的观念》的书。在这部书里面，他想给予历史一种理想的继续同秩序，从地球在天体里面的位置同人类与动植物的关系说起。他说："假使天然界有一个神，那么历史里面也应该有一个神。因为人类本来是造物所造的一部分。人类情欲虽然复杂，但不能不服从一种同天体运行定律一样好一样美的天然定律。现在我深信人类是能有知识的，而且能够知道他应该知道的东西：所以我就想在很杂乱的人类过去里面，研究出一种管理人类的那种美的高的天然定律。"他以为人类天性的终点，就是人道主义。人类的将来，一定要经过各种不同的文化步骤，但是人类的安宁能够永久，完全以理想同公平为根据。而且这是一种天然的定律：就是"假使一种物或一类物，勉强使它离开它的真、美、善的永久位置的时候，它一定用它自己的力量，由震动或渐近线回返到原来的地位。因为它离开它自己的地位，就没有稳固的地方"。Herder 从复杂的过去里面，屡次造出许多天然定律来。这种定律，无论是对或不对，对于当时哲学的批评，同史学眼光的深远，实在可惊得很。他显然是传奇派的先驱。这一派所产出的最著名的著述，就是 Hegel[41] 的《历史哲学》。

四

从十八世纪中叶以来，除了从前那种文学的、政治的、军事的、道德的、神学的兴味之外，又有他种新兴味发达起来。这种新兴味很有影响于历史的研究，根本上将历史的精神同目的变更了，将历史的范围扩充了。最简单的例，就是 Montesquien[42] 的《法意》——一七四八年出版的——他这部书里面，以建设一种科学的理论为目的，就是各种人类制度——社会的、政治的、教育的、经济的、法律的、军事的——的相对关系。法国于一七八九年至一七九一年间编订第一次共和宪法的时候，有许多讨论，激起了一种宪法史的研究，这种研究，到现在还没有松懈。

十九世纪初年法国革命初期的大同主义，慢慢地让步了；欧洲各国民族的精神，慢慢地发达了，在德国尤其显著。这种精神立刻在历史哲学的解释上表示出来。我自己虽不十分懂得 Hegel 的哲学，但是关于他当一八二二年至一八二三年冬天在柏林所讲的历史哲学，或者值得同读者再略述一遍，因为有许多人以为自己已经很懂得他的哲学，而且很受他的哲学的影响。他看看过去个人同民族的变化，存没无常，他就以为能够发见一种"世界精神"，这种精神极力想要获得一种觉悟，再去获得自由，自由是它的要质。这种精神的形式，是时时变化推陈出新的。各种形式都在各种历史民族的天性里面表示出来。Hegel 以为一种民族的精神，有了一定的特点，每将它自己"造成一个客观的世界，存在特种的宗教、习惯、社会、法律里面——总而言之，在那个民族全部复杂的制度里面，同在那个民族的历史事实同举动里面"。他以为波斯人为第一种世界历史的民族，因为在波斯国中，世界精神第一回达到"一个无限主观主义的地位"。希腊人的性质，是以美为条件的个人主义。罗马时代的原理，就是主观主义。他这种思想虽然很好，但是假使他不说德国民族是为世界精神的最高尚形式所寄的话，恐怕他的原理不见得能做一种民族自由新福音的根据，亦不见得能影响到历史的解释。Hegel 说："德国的精神是新世界的精神；它的目的在于实现绝对的真理——就是自由的无限自决。……德国人的将来是基督教原理的传布者。"

　　Hegel 将最高的地位给予他的同胞，所以德国人异常傲慢。岂不是传奇派所吟咏的中古时代的德国民族精神，同近来 Napoleon 被德人驱逐于德国之外两件事体，很可以证明 Hegel 的话是不错的么？因此历史的研究同著作，就有一种显然民族的同爱国的精神贯注在里面。从一八二六年以来，德国人从事于搜集中古德国史的材料，这就是世界有名的《德国史材集成》（*Monumenta Germaniae Historica*）[43] 这部书，为将来世界各国的模范。从此德国人就为世界上历史界的领袖。Ranke[44]、Dahn[45]、Giesebrecht[46]、Waitz[47]、Droysen[48] 这班人，开始专门研究德国史，都是充满一种爱国的热忱，和前世纪的大同主义绝不相同。从此以后，欧洲各国的历史，慢慢地都变为民族的，历史资料的搜集同出版，亦异常地激动起来。

有了这种民族精神，再加以十九世纪政治的同宪法的问题，当然将政治史的兴味继续维持下去了。政治史是最古的、最显明的而且最容易的一种历史，因为君主的政策、法律同战争，是最容易记载下来的事体。国家这样东西，是人类所造的一个最伟大的、最重要的组织。历史家普通以为过去事实最值得知道的，都是同国家直接的或间接的有关系的。Ranke、Droysen、Maurenbrecher、Freeman[49]这班人，都以为政治史是尽善尽美的历史。

五

我们上面已经将从古代到十九世纪初年历史家的目的述过了。他们研究历史，很是用心的、批评的、以教训或娱乐读者为目的，但是没有一个可以说是科学的。在历史里面，要想发现政治家或军事家的模范，要想推翻异端的神道，要想说明旧教徒是对的，或者新教徒是对的，要想说明世界精神实现自己的步骤，或者要想说明自由是从德国森林里面出来的，永远不回去——这几种目的，虽然有时研究得很深奥，却都是非科学的。但是到了十九世纪的中叶，常常变化的历史，开始受天然科学的魔力。它觉得专门叙述英雄的同民族的事业已经不够了，它不敢再将天理掺到人类社会里面去了。历史自己对于它自己的事业，觉得没有充分的预备。它开始于早晨的时候到图书馆里面去搜集材料同研究参考书去了。不但如此，它竟开始谈到它自己那种杂乱无章的材料，升到一种科学的地位了。

自从历史有了变成科学的新野心，史学上就生出许多很重要的结果来。第一个就是批评历史的材料比从前更加谨严。假使历史家的目的，仍旧在娱乐读者，维持道德或爱国心，或维持宗教，那么证明事实的真确与否那件事体，并没有多大的关系。实在说起来，真确的事实难得同"容或有之"的事实那样有兴趣，或者有教训。但是到了现在，历史家的注意大部分都向到材料的性质、材料的正确同材料的缺点方面去。做历史根据的材料，曾经受过很严厉的检查。从前以为可靠的，现在已经部分地删去了，或者全体地抛弃了，同时也有许多经过细密研究同分类的材料加进去。

还有一层，现在的历史家都知道他的材料，实在不如他种天然科学的材料来得完备。因为历史家所描写的现象，断不能再直接地去实验它。历史家所知道的历史事实，只能根据不完全的遗迹——如书籍、公文书、碑文、建筑物及他种考古学上的残留品。书籍里面的事实——习惯上历史家所最信赖的——往往是他人的报告，并不是报告者自己直接的经验，而且他们并不同我们说明他们的材料究竟从什么地方得来。上古同中古的历史家，差不多都是如此。所以"所有供给历史家推想的材料，大部分都是心理作用的遗迹"，不是事实的本身。有一个法国学者曾说过，我们历史家好像一个化学家，他的实验的知识，完全根据实验室中侍役的报告。

现在从无数的例中举出一个来：Gibbon 同我们说，自从四一○年 Alaric[50] 死后，"野蛮人凶猛的性质，就在安葬这个英雄的时候发现出来，这个英雄的勇敢同命运，他们原来很哀感的。他们利用一班俘虏的工作，硬将 Consentia 城外 Busentinus 河的河道变更位置。王陵用罗马的战利品装饰起来，造在干燥的河底，于是将河水再恢复到天然河道里面，而且将这班造墓的工人完全杀死了，所以 Alaric 的尸体所在的地方，永远藏在秘密的处所"。他这段文章，是根据于一部文理不通的 Goth 史，这是 Jordanes[51] 所著的，他著这书的时候，离上述的事实已经相隔一百四十年了。我们知道 Jordanes 又是抄袭他的同时人 Cassiodorus[52] 的书，他这部书现在已经失传了。关于这段事实的材料，这就是我们绝对知道的。

这段事实，有许多教科书里面都有它，我们应不应该相信？Gibbon 并没有亲眼看见 Alaric 的安葬，Jordanes 也没有看见，就是 Cassiodorus 于 Alaric 死后八十年才出世，也没有亲眼看见。我们看看 Gibbon 的记载，我们能够限制我们的心理作用，因为他说他的材料是从 Jordanes 书里面来的。但是除了 Jordanes 的材料是从 Cassiodorus 书里得来的这种怀疑外，那种将实在的情形同书本的情形分开的各种心理作用，我们就没有方法去限制了。我们说 Alaric 是死了，那是有别的理由可以来断定的。至于葬他的时候怎样，我们只能说或者果然同 Jordanes 所说的一样，但是说它实在是如此，我们实在没有很充分的理由。

六

科学精神的第二个结果，就是 Ranke 的豪语说要去"据实记载"——wiees eigentlich gewesen。在十九世纪中叶，要想做到这一步，还是不能没有一种声明。因为我们上面曾经说过，从前的历史家抱有别种目的，普通都希望历史帮助，或者至少不要反对爱国的同宗教的成见。所以一个"据实记载"的决心，将历史家的地位，比从前提高了许多，而它的影响也是很大。试举一例，五十年来宗教上的现象，曾经受了许多真正科学的研究，生出许多可惊的结果。

但是决意慎选历史的材料，同决意据实记载这两件事体，无论如何不过是科学化的史学的初步。因为人类过去的事实可以受我们检查的如此的多，所以断不能简单地记载下来，而且这种事实异常的复杂，所以可以加以许多的解释。因此我们不能不问：究竟天然科学对于历史家选择事实同解释事实有一种什么影响？

第一，近世科学方法的特点究竟是什么？我们可以自信地说，近世各种科学相同的地方就是异常注意微小的、普通的同隐僻的重要。多排斥神学的、超自然的同以人类为中心的解释。此外就是一种天然定律的研究同应用，因此就生出许多意外的结果。精细的研究同天然定律的发现，为近世科学研究上最有关系的特点。

历史这样东西，自古以来就隐在一个假面具里面。这个假面具，或者将它本来的面目变得异常美丽，或异常丑陋，所以无怪历史家适用科学的眼光异常迟缓。从前的历史家很少愿意描写人类的常见生活同普通状况。他们所注意的同搜集的，就是惊人的或例外的东西。他们好像一个地质学家，专门研究地震同火山；或者好像一个动物学家，不研究象以下的小动物，或凤凰同蜥蜴以下的奇怪的习惯。近世历史的进步，比化学脱离炼丹术同天文脱离星占学，要迟缓许多。Buckle[53] 所说历史家的知识，大体说起来，实在不如其他思想家。这句话是很对的。但是我们要知道历史家的事业，实在有许多难免的困难，同化学上或地质学上的问题，断不能相提并论的。所以无怪历史家能够慢慢地脱离古代谬误的见解，大部分不是他们自己的力量，实在是受各种社会科学的影响。

第一种社会科学大有影响于历史事实的选择同解释的，自然是十八世纪时候发达的经济学。提出许多关于过去的问题的人，并不是一个历史家，实在是一个经济学者，而且这个人供给历史家的向来没有明白的一种科学的解释。

当一八四五年的时候 Karl Marx[54] 非议一班人，以为他们专门在天上浮云里面去发现历史的发祥之地，不在地球上困苦的日常生活里面去发现它。他以为关于过去的解释，只有经济的解释为最圆满而且有效。他说社会的历史，完全根据社会中人生产的同物产交换的方法。生产的方法同运输的方法，能够确定交换的方法、物产的分配、社会阶级的区分、各种阶级的关系、国家的存在、法律的性质以及所有各种人类的制度。

他这种观念究竟怎样发生，他对于这种学说的创造究竟达到什么程度，我们此地不必详细去说它。有许多社会党人同经济学者，以为无论什么东西，都可以用经济学说去解释它，但是历史家对于这句话，同意的实在很少。不过他这种学说现出它的本来面目的时候，实在比无论哪一种学说好，可以解释许多过去的现象。无论如何，十九世纪以前历史家所不注意的那些永久的而且普通的原动力，现在能够特别注重起来。开这条研究新路的人，不能不首推经济学者。因此人类生活里面平常的普通的分子慢慢显著了。现在科学的历史家已经不再专门注意英雄的、可惊的同奇怪的事情了，但是要想将过去的状况重新建设起来。最后这一点关系如此的大，所以我们不能不稍稍说明一下。

历史这样东西，到如今还常常有人说它是一种过去事实的记载，大家对于历史家的希望，也不过一篇过去的故事。但是有觉悟的历史家，都慢慢地明白他自己不能希望做一个很好的说书家，就是因为他假使要说老实话，他的故事往往很残缺而且很模糊。小说同戏曲这类东西，可以很随便地设想或描写，去应付美术的需要，至于历史家应该常常知道他自己所受的种种限制。假使历史家专门根据材料叙述实在可靠的事情，他的著作往往缺少活动的详情能够编成一段满意的故事。

历史家慢慢知道他的事业同文学家的事业是不同的。他的地位很近科学家。他只能用他的科学思想，这种思想同文学的很不相同。他的职务在于应用他的研究历史的训练，对于我们明了人类的过去有一种贡献。他记载过去的事实，并不是因为他们有戏曲上的兴味，但是因为他们可以说明当时产生事业的一般状况。假使一种事实同一种民族的习惯和环境是有关系的，那么，无论这种事实怎样干燥无味也得记载下来。假使历史的任务在于说明事物的由来——这一点上面已大略说过——那么事实这样东西，对于历史家无非是一种普通状况同一般变化的证据。关于这一点，历史不过跟其他天然科学同例。试举一例，动物学所研究的，不是罕见的同惊人的动物，或可以教训人类的动物习惯，实在是普通的原理；数学家所研究的，不是数的玄妙的性质；天文家所研究的，不是在行星位置里面去研究我们的命运。但是科学的真谛，实在能够同小说竞争，而且我们近世研究从前所谓最无味的最普通的东西，实在有无穷的兴趣。

因此免不了有人要想发见历史上的定律，要根据天然科学的方法去改造历史，使它成为一种科学。最有名的例，就是 Buckle 著而未完的《文明史》，第一卷于一八五七年出版。他以为历史材料搜集以后，大体看起来有"一个丰富的而且宏大的外观"，但是历史家的真问题，并不能算是解决了。他说："为人类思想的高尚目的起见，历史这种东西如今还是很不完备；历史的外貌，还是杂乱无章。这亦是当然的，因为历史的定律还没有发明；历史的根据还没有稳固。"所以他说希望"著成一部人类史，要同他种科学家所研究的相等，至少亦要相仿。关于天然界方面，各种显然最不规则的而且最反复无常的事实，都已经说明了，而且都根据一定的而且普遍的定律。所以能够达到这个地步的缘故，就是因为有能力的人同有坚忍不倦思想的人，曾经加以研究，以发现它们的规则为目的；那么，假使人类的事情也受同样的研究，我们当然有权利可以希望得同样的结果"。Buckle 想发明限制人类动作的两种定律，物质的同心理的，再去追溯文化发达里面这两种定律的运用。他同 Marx 不同，他以为欧洲的文化如此的发达，物质的定律差不多没有运用的余地，所以历史家最要的目的，应该研究道德的同知识的定律。

Buckle 的书出版以来到了现在，已经五十年了，历史家对于 Buckle 所竖的球门，我知道没有一个历史家敢说我们已有了许多进步。现在各种社会科学的研究——如经济学、社会学、人类学、心理学，已经能够解释许多事实。但是从天文家、物理家、化学家眼光里面看起来，历史这样东西始终是一种异常不完全不正确的知识。这是大部分因为历史所研究的是人，人的纡曲方向，同人的无定欲望，所以现在要想将历史归纳到一定的定律里面去，好像是没有希望的。而且我们上面已经说过，历史的知识完全根据一种散漫而且异常不稳的材料，它们的正确，我们往往没有法子去试验它们。我们当然可用科学的精神去研究历史，但是我们所有关于人类过去的材料，虽然可以产出真理来，断不能将它们组织成一种纯粹的科学。

近世历史家都知道历史的材料是靠不住的，而且很不完备的，但是就是有觉悟的历史家，当他著书的时候，也往往将可疑的不定的事实隐瞒起来。因为他们偏重文章方面，所以他们不能不隐藏他们那种可怜的无识，而且有不顾知识裂口的倾向。这种裂口，文学家虽然能够一跳就过去，而历史家却不能不悬崖勒马。Buckle 同 Draper[55]这班人，竟敢放胆想将历史变为科学，实在因为他们对于历史知识范围的观念，太不正确的缘故。

五十年以前，普通人都以为知道了一点最古的人类，关于最古人类的骤然的发现同行动，好像很有一种简明的可靠的记载。到了现在，我们才承认地球上的人类实在很古。有许多旧石器时代[56]的遗物，我们有理由可以相信它们是在一二十万年以前所造的，还有许多近来发见的石器的遗物，比较旧石器还要早一二十万年。这种时期，当然是臆测或印象罢了，而且自人类由动物变人的时候到了能够制造石器止，不知道已经过了几千万年。现在还有许多历史家以为这种事实都是"历史以前"的事实，同历史没有关系的。但是"历史以前"这四个字，同我们常听见的"亚当以前"[57]这四个字一样，非排斥不可。因为这种名词所表示的，好像我们于人类的舞台灯未点，幕未开以前，得了一种不正当的消息的样子。所谓历史以前的时代，我们在现在固然知道得很少，但是说历史以前，果然有一个时代，这就是历史上一个最大的发明。最古人类文化的遗迹，可在 Nile 河边发现出来，差不多只有六千年。但是以为人类文化达到如此一个地步，这是第一遭，那是不对的。

我们假定关于过去至少三十万年间人类的事业同进步，有点叙述的价值；我们假定果然得了三十万年以来人类变化的大纲；我们假定每一页里面所记载的是一千年的事实。那么，在一本三百页的小书里面，只有最后六七页中的事实可以说有一种异常稀少的残缺的资料存在世间。或者我们将历史比作一个大湖，我们在湖边看混浊的湖底。我们可以想象这个湖的深浅为二丈五尺，或者是五丈，或者是十丈。我们能够见到水里四五尺深稀少的动物；六七尺以下，水中的生物固然很多，但是我们已经看不出生物的动作了，因为在三四尺以下我们已不能看得十分清楚。实在说起来，离水面一尺以下，我们已经不能明白看出有什么东西——恐怕半尺以下，就不行了。

照这样看来，历史家的眼光不能回看幼年时代的地球，好像限于他自己的时代的样子：Rameses 第二[58]、Tiglath-Pileser[59] 同 Solomon[60]，实在同 Cæsar、Constantine[61]、Charlemagne[62]、

St. Louis[63]、Charles 第五[64]、Victoria[65] 这班人差不多同时；Bacon[66]、Newton[67]、Darwin[68] 差不多是 Thales[69]、Plato[70]、Aristotle[71] 这班人的小兄弟。照这样看来，那班要想决定人类进化或退化定律的人，应该搁笔才好。这好像于一周之间，观察一个四十岁的人的行动，就断定他这个人究竟是不是发达的。我们所有比较完备的历史材料，不过三千年，这三千年的材料里面，有二千年还是异常不完备、不可靠。关于希腊、罗马的历史，我们虽然有几部异常残缺的而且有文学嗅味的著述，同许多碑文及重要的古迹，但是对于许多重要的事实，我们仍旧在黑暗里面。罗马帝国史的资料，如此的坏，所以 Mommsen[72] 不愿意去叙述它。自从十二同十三两世纪以来，我们才有一种中古编年史，再加以各种杂乱的公文书，能够使我们同当时的生活直接地接触。

但是读历史的人，往往有一种印象，以为我们历史的材料，二三千年以来多寡同深浅都是相等的。当他看见一部大的古代教会史，或者罗马帝国史，或者看看 Dahn 或者 Hodgkin[73] 所著的好几卷《野蛮民族入侵史》，他以为这班著书的人，一定费了多年的苦心孤诣，才能将这许多年搜集而来的材料，好好整理起来。很少人知道从前历史家的职务，并不是将许多材料删繁就简著成一部很有条理的历史，他们往往将他们那片浅薄的知识，鼓吹成泡，它的光辉颜色可以吸收最轻率的读者的注意，同激起他的赞美。Hodgkin 所著的八卷《意大利及其入侵者》（*Italy and Her Invaders*）的历史，假使将材料好好地整理起来，差不多有一卷书就够容纳了。

但是我们不能武断历史家是一个最有罪过的人。第一层，我们应该记得历史家习惯上是一个文学家，做一个文学家并不是一件不好的事体。第二层，历史家也往往容易轻信人家著述外面的价值，除非这种事实的著述同他种记载冲突，或者好像不会有的。第三层，历史家同其余的人一样，统是什么 Nietzsche[74] 所谓"梦理"的牺牲。我以为有许多很有学问的人，也往往不能免去一种敷衍附会的天性。

我们现在来说明 Nietzsche 的"梦理"。当我们躺在床上的时候，我们要说明脚跟忽然脱离走路时压力的理由。我们的"梦理"解释，就是我们飞在空中。不但如此，我们的"梦理"还要造出一座大屋，或者山川的风景，我们在上面飞行。再举一例，当我们刚睡的时候，或者刚醒的时候，我们的眼帘里面往往发出一道光线来，就以为它是一种人的形象，或者是东西的形象，同影片一样明显。现在我们晓得就是当我们清醒的时候，也有"梦理"的作用或者心眼的作用。Nie-tzsche以为"梦理"同心眼作用，恐怕是我们动物祖先遗传性的一部分。无论如何，这种作用都是反常的心理，我们历史家本来有文学习惯的，不能不特别注意。现在有人说，就是天然科学家也往往心眼开得很大，不过他不至于同历史家这样容易被"梦理"所误引。这并不是天然科学家自制的能力比历史家来得强，不过因为他的事业比较的简单，他的知识比较的明了。

总而言之，我们研究历史的人，断不能同物理学、化学、生理学或者人类学一样，成为一种真正的科学。因为人类过去的现象异常的复杂，我们又没有直接去观察它们的方法。至于史事的人为解剖同试验，更加不必提起了。我们对于人类史的大部分，绝对的不知道，而且自从印字机发明以后，我们的历史材料才算比较的丰富。受过天然科学训练的著作家，要想教我们历史家怎样去利用历史的材料，那就太不懂历史家的地位同状况了。

七

但是要想使历史变为科学的，第一要使历史变为历史的。很奇怪的，就是我们现在所谓纯粹历史的兴味，十九世纪以前的历史家差不多不知道。他们所述的事实，以为可以激起读者的兴味，他们所批评的，都是以教训读者为目的。他们有时也能据实记载历史的事实。关于这一点，他们总算是科学的，虽然他们的目的仍旧大部分是文学的、道德的或者宗教的。但是他们普通仍旧不去注意历史事实的"所以然"——wie es eigentlich geworden。历史这种东西，二三千年来，仍旧是一种过去事实的记载，这个定义还可满足一般没有思想的人。但是据实记载是一件事体，要想确定事实的所以然，是另外一件事体。

关于这种历史兴味产生的原因同发达，我们此地不能详细去说它。这种兴味的力量，在现在所以异常雄厚的缘故，就是因为我们近世人对于人类变化的实现同难避，很有觉悟。这种变化的实例，层出不穷地来强迫我们的注意。希腊的历史家叙述历史的时候，本来没有背景。所以 Thucydides 对于前代的事实异常地藐视，以为不过一种无定的传闻。Polybius 虽然专心去叙述罗马领土的逐渐扩充，但是他始终没有表示他的历史一贯的观念。当中古时代，一班历史家虽然以为地球这样东西是一个神剧的大舞台，这出戏的结果，就是善恶的分明同良莠的区别。但是这种超自然的历史继续，是神学的，不是科学的。关于世俗的事情，中古时代的人差不多不懂得所谓"历史的谬误"，所以学问复兴时代图画家，居然将耶稣死在十字架上的像画在他幼年时代的马槽之上，当时的人还以为这并没有不合适的地方。

到了十八世纪的时候，人类能无限的进步这句话，才成为一班改革家津津乐道的原理，他们就是曾经以"好的旧日"为名攻击当时弊俗的人。改革的运动，从将来着想，不从过去着想，向前面着想，不向后面着想，真正是一种大有关系的极其重要的发明。世界果然变化的这件事，一天明白一天了。到了十九世纪的中叶，有思想的历史家开始承认历史继续的原理了。研究历史的居心同方法，也大受这种原理的影响了。

历史继续的原理，本来根据下面这件事实——就是无论哪种制度，无论哪种普通承认的思想，无论哪种重要的发明，都是长期进步的总数，只要我们有忍耐心同方法，统可以追溯得很远。如陪审官制度[75]、机关枪[76]、罗马教皇的机关[77]、S 这个字母[78]、成案的原理[79]——这种种东西，都可以用科学方法去追溯它们的前事。但是没有一种，人类的利害是离开他种利害同状况而孤立的。因此我们所谓历史继续的观念，格外加广了，这是因为人类的事业很复杂的缘故。在一种制度或一种习惯里面，骤然的变化或者可以有的，但是一种骤然的普通变化，差不多是不会有的。一个人因为环境的变迁，或者因为穷困了，或者因为生了一场恶病，可以骤然根本的变形。但是即使这种事实，也还是很少。假使将所有个人的习惯同利害综合起来说，要使它转瞬之间有一种骤然的变化，影响于大部分的习惯同利害，那真少见得很。而且社会这样东西，因为有种种显著的原因，比个人还要保守得多，所以历史的继续——这一点极要注意——是一种科学的真理；追溯变迁程序的事业，是一个科学的问题，也是一个最有兴味的问题。历史所以同文学或伦理学不同，就是因为有这个定律的发现同应用，这也就是历史所以能够升为科学的根据。

八

自从历史根据纯粹的科学标准以后，它的分类研究异常的发达，历史家方面就生出一个新的根本问题来——假使各种智识都变为历史的，那么，普通的历史还有什么必要呢？假使政治、战争、美术、法律、宗教、科学、文学，都分类研究起来，岂不是历史的本身就要崩解了么？Cambridge 大学 Seeley 教授[80]以为恐怕将来历史总要如此的。二十年前他曾经宣言历史这样东西，无论如何不过是"一种残余的一个名词，这种残余的东西就是历史的事实一类一类被他种科学拿去以后所留下的；这种残余的东西，将来也一定要同其他事实一样，而且不久就要有一种科学起来，将现在历史家残余的财产完全拿去"。

现在我要研究最后一个问题，就是历史的势力既然弥漫了全世界，究竟它自己是不是要丧失它自己的灵魂？我们假定历史的分类研究已经异常的完全，人类过去的各方面、各种制度、感情、观念、发明、成功、失败，已经都经过各种科学家分类的研究，这种分类研究的结果，有许多地方可以改正历史，可以将历史的作用增广增深。但是这种分类的研究，不但不会将历史破坏了，而且可以将历史的进行、农业的制度、美术、家庭的习惯、高等教育的眼光等，格外表示得明了。有许多重要的事实，要想把它们归到一种纯粹的科学里面去，往往异常顽抗的。物理的、道德的同智识的现象，在生活的同变化的进行里面，异常的互相错综，这就是历史家应该研究同描写的东西。

人类这样东西，断不是科学分类的总数。水是水素同酸素化合而成的，但是它不像水素，也不像酸素。假使要将人类的原质用科学方法分成宗教的、美术的、经济的、政治的、知识的同战争的，那真勉强极了。各方面固然可以受分类的研究，而且很有利益，但是假使没有人去研究他们的全体，分类的研究一定要生出极荒谬的结果。研究全体进程的人，就是历史家。假使各种社会科学家各去专心研究十字军、宗教改革或者法国革命的各方面，他们研究完了，历史家岂不是还要利用他们研究的结果，增加他们所略去的，改正各专门学者所不明白的谬误，去重述一遍么？

骤然看起来，好像只有那班研究专门学问——如宪法、植物、神学、言语学、图画、化学、经济学、医学——的人，有研究各种专门历史的资格。但是专门科学家往往有两种缺点：第一种，因为他们对于他们自己那种科学的原理太亲密了，所以对于那种遥远的不常见的状况的观念，就很难明白了解；第二种，历史材料的发现、利用同解释，应有一长期而且特别的训练，这种训练，唯有专门历史家才能有的。历史家常常看见许多不研究历史的人的见解异常荒谬。不是专门研究历史的人，虽然对于他们自己那种学问很有研究，但是对于历史的研究，往往生出历史家所不会生出的错误来。到如今我们还没有一部完全的天然科学史，或者某种科学史，就是这个缘故。而且有许多人类思想的同事业的方面，专门历史家并没有什么特别的困难，利用专长去研究它们。实在说起来，近世各种科学，包括数学在内，无论它怎样精深，在二百年以前都是异常的简单，研究历史的人如对于某种人类的兴味有特别的志趣，都可以追溯它的发达一直到现在为止。

所以研究历史的人将来慢慢地要有专门研究的趋向，而且可以补充当时各种科学家的不足，关于这一点，将来在那《思想史的回顾》篇里面再细讲。

我已经将历史家无知无识的地方，明白发表出来了。历史家已经自己承认了，而且尽力去应用科学方法补救他的缺点。而且历史家同他种社会科学家一样，也想将他们的事业追溯到古代去。我信历史家将来一定要慢慢地注意于解释现在。好在二三百年以来，历史的材料比较所有从前世界史的全部丰富得多。历史家现在已将他们的材料加以批评、分类起来，使它可以应用。五十年来这种事业的结果如此宏大，普通的人看见了恐怕要惊异不置。

我们现在已经将羊羔在羊乳里面煮过了。我们已经用历史去解释历史了。历史家从一种狭义的科学眼光看起来，比文学家稍稍高了一些，比天文学家或生物学家低得多了。但是历史家不必同文学脱离关系的，因为文学的关系是异常可以尊重的。不过历史家从此以后不但应该研究事实的"然"，而且应该研究它们的"所以然"。历史家始终是社会科学的批评者同指导者，他应该将社会科学的结果综合起来，用过去人类的实在生活去试验它们一下。历史家的事业，如此的有趣，如此的广大，所以历史家将来一定慢慢的能够专心致志地去研究历史，将来总要脱离文学的关系。因为历史家将来的目的，比诗家或戏曲家还要高尚，还要有希望，这种目的对于历史家思想的要求同表示能力的要求，比对于文学家还要急切。

【注释】

〔1〕纪元前五世纪时小亚细亚之希腊人。著有《世界游记》及《史记》。

〔2〕见第一篇《新史学》注〔8〕。

〔3〕纪元前五世纪时之希腊历史家。著有《南希腊战争记》，翔实正确，为后世史学模范。

〔4〕希腊历史家，纪元前四三五年生，（纪元前）三五四年卒。著有《万人军东征波斯记》、《希腊史》诸书。其《希腊史》系继 Thucydides 之著作述至 Mantinea 战争止，凡四十九年之事迹云。

〔5〕希腊历史家，纪元前二〇四年生，（纪元前）一二二年卒。著有自纪元前二二〇年至（纪元前）一四六年间《希腊罗马史》。

〔6〕希腊历史家，纪元后五〇年生，一二〇年卒。著有《希腊罗马四十六名人传》一书。

〔7〕罗马政治家兼历史家。纪元前一〇〇年生，（纪元前）四四年卒。著有《Gaul 战争传》、《内乱笔记》等书。

〔8〕见第一篇《新史学》注〔16〕。

〔9〕罗马历史家，纪元前五九年生，纪元后一七年卒。著有《罗马史》，自罗马城建设起至 Drusus 卒止。

〔10〕罗马历史家，约生于纪元后五四年。著有《Agricola 传》、《日耳曼史》、《史记》、《编年史》诸书。

〔11〕见第一篇《新史学》注〔9〕。

〔12〕意大利历史家，一四八五年生，一五四〇年卒。著有《现代意大利史》。

〔13〕意大利历史家，一六七六年生，一七四八年卒。著有《Naples 王国史》。

〔14〕苏格兰历史家，一七一一年生，一七七六年卒。著有《英国史记》，自一七五四年至一七六一年。

〔15〕苏格兰历史家，一七二一年生，一七九三年卒。著有《英国史》、《Charles 第五传》、《美洲史》诸书。

〔16〕英国名史家，一七三七年生，一七九四年卒。著有《罗马帝国衰亡史》，极著名。

〔17〕法国思想家，一六九四年生，一七七八年卒。著有《Charles 第十二传》、《历史哲学》等书。

〔18〕古代犹太 Canaan 地方之一种民族。

〔19〕为古代腓尼基人在北非海滨所建之殖民地。既富且强。奄有北非及西班牙诸地。其国势之盛，实驾共和时代之罗马。自纪元前二六四年起至（纪元前）一四六年，凡与罗马三战而亡。

〔20〕相传为洪水以前之善人，居于恶人之中，不信上帝。上帝怒，乃降洪水将世界上之恶人一扫而空。古代洪水为灾，即原于此云。

〔21〕古代犹太 Abraham 之侄。

〔22〕古代雅典之大政治家，为雅典最盛时代之执政者。提倡文化，实行民

治。纪元前四二九年染疫而卒。

〔23〕非洲 Numidia 地方人，三五四年生，四三〇年卒。为罗马主教中之最著名者。著有《忏悔录》及《上帝之城》诸书。

〔24〕相传为亚述及巴比伦之神。

〔25〕相传为亚述及巴比伦之女神。

〔26〕西班牙人，生于纪元后五世纪时。

〔27〕法国 Meaux 地方之主教，一六二七年生，一七〇四年卒。所著《世界史》为研究历史哲学之第一种著作。

〔28〕德国之著名宗教改革家，一四八三年生，一五四六年卒。

〔29〕意大利 Naples 地方人，一五三八年生，一六〇七年卒。任教皇阁员及图书馆主任。著有《最初十二世纪之教会史》。

〔30〕见第一篇《新史学》注〔43〕。

〔31〕法国第一次革命后之皇帝。一七六九年生，一八二一年卒于大西洋中荒岛之上。武功甚盛，威震全欧。卒为英普联军所败。

〔32〕为日俄战争中之日本海军上将。一九〇五年五月二十七日，大败俄国海军于朝鲜海峡中。俄舰被夺者六艘，被击沉者二十二艘。

〔33〕英国海军上将，一七五八年生，一八〇五年卒。两败法国之海军于海上。

〔34〕在埃及 Nile 河口外，一七九八年英将 Nelson 大败法国海军于此。

〔35〕在西班牙半岛之西南，一八〇五年英将 Nelson 再败法国海军于此。

〔36〕亚述最后之名王，初本荒淫无度。迨波斯与后巴比伦军队入侵时，忽一改旧态，誓以身殉国。困守于都城 Nineveh 中者凡二年，卒自焚死。

〔37〕罗马皇帝，相传纪元后六四年罗马城中之大火，即系彼所主使而放者也。彼反嫁祸于基督教徒，大肆虐杀。益复荒淫无度，为所欲为。上议院乃宣言以国民公敌待之，乃自尽而死。

〔38〕雅典名将兼政治家，世以"公平"称之。战功甚著，清廉自守。死后景况萧条，雅典人国葬之，并由公家出资以赡养其家属。

〔39〕兄弟三人于罗马王政时代奉王命与 Alba Longa 地方 Curiatii 兄弟三人战。Horatii 兄弟中死者二人，其生者卒单身战败 Curiatii 三人。罗马遂得 Alba Longa 之地。

〔40〕德国哲学家，一七四四年生，一八〇三年卒。

〔41〕德国哲学家，一七七〇年生，一八三一年卒。为 Kant 派哲学家最后之

一人。

〔42〕法国法学家，一六八九年生，一七五五年卒。

〔43〕此书为中古德国史料之大源。最初二十九卷曰 *Scriptores Rerum Germanicarum*，并有关于法律者五卷曰 *Leges*，于一八二六年后由德国史学会主持陆续出版。名史家 Pertz 实为总编辑。一八七五年后，Pertz 卒，乃由德政府主持之。自一八七七年后，仍复陆续出版，计有 *Auctores Antiquissimi* 十三卷，包括研究古代日耳曼史之罗马历史家。又有 *Scriptores Rerum Merovingicarum* 及 *Scriptores Rerum Langobardicarum* 均关于 Pippin 与 Charlemagne 以前之日耳曼史。此外并有 *Leges* 及 *Ehistolae* 等。

〔44〕见第一篇《新史学》注〔26〕。

〔45〕德国历史家，一八三四年生，一九一二年卒。

〔46〕德国历史家，一八一四年生，一八八九年卒。著有《德意志帝国史》。

〔47〕德国历史家，一八一八年生，一八八六年卒。为编纂《德国史材集成》之总裁。

〔48〕德国历史家，一八〇八年生，一八八四年卒。著有《普鲁士政策史》、《Alexander 史》、《希腊精神史》诸书。

〔49〕见第一篇《新史学》注〔25〕。

〔50〕西 Goth 蛮族之领袖，于四、五两世纪之交入侵希腊、意大利及罗马城。四一二年卒，年仅三十有四。

〔51〕Goth 人，约在纪元后五五一年根据 Cassiodorus 之 Goth 史著有 Goth 史的辑要。文理不甚通畅。日耳曼族古代之宗教及英雄神话之以拉丁文叙述者，实始于此。

〔52〕意大利人，四六八年生，五六八年卒。曾任东 Goth 王 Theodoric 秘书。著有 Goth 史及《信札》。

〔53〕英国思想家，一八二二年生，一八六二年卒。

〔54〕德国社会党人，一八一八年生，一八六六年卒。犹太种，幼从 Hegel 习哲学。复改习社会经济学。主张社会主义之第一人。嗣因为德、法、比诸国所不客，遂移居伦敦三十年而卒。著有《资本论》一书，至今为社会党人之金科玉律。

〔55〕英国人，后移居北美，一八一一年生，一八八二年卒。科学文学，均有研究，化学尤精。著有《欧洲思想发达史》及《科学与宗教之抵触》诸书。

〔56〕据考古学家及地质学家之计算，此期约在纪元前五〇〇〇〇年至

（纪元前）一五〇〇〇年。

〔57〕亚当在基督教《圣经》中，相传为人类始祖。

〔58〕埃及名王，约生于纪元前一三四七年，死于（纪元前）一二八〇年。以战功著于世。

〔59〕亚述名王，纪元前七四五年生，（纪元前）七二七年卒。

〔60〕希伯来名王，纪元前九九三年生，（纪元前）九五三年卒。

〔61〕罗马皇帝。二七四年生，三三七年卒。

〔62〕神圣罗马帝国皇帝。七四二年生，八一四年卒。

〔63〕即法王 Louis 第九，一二一五年生，一二七〇年卒。

〔64〕见第一篇《新史学》注〔2〕。

〔65〕英女王，一八一九年生，一九〇一年卒。

〔66〕英国名哲，一五六一年生，一六二六年卒。为归纳法之鼻祖。著有《学问之进步》、《新论理学》（*Novum Organum*）和 *Augmentis Scientiarum* 诸书。

〔67〕英国自然哲学家，数学尤精。一六四二年生，一七二七年卒。

〔68〕英国博物学家，一八〇九年生，一八八二年卒。著有《物种起原论》一书，为进化学说之首创者。

〔69〕纪元前七世纪时之希腊哲学家。

〔70〕希腊名哲，纪元前四二九年生，（纪元前）三四七年卒。

〔71〕希腊名哲，纪元前三八五年生，（纪元前）三二二年卒。

〔72〕德国名史家，生于一八一七年，以博学著。著有《罗马史》。曾任柏林大学上古史教授。

〔73〕英国人，一八三一年生。

〔74〕德国哲学家，一八四四年生，一九〇〇年卒。

〔75〕见第一篇《新史学》注〔47〕。

〔76〕美国人 Gatling 于一八六一年时所发明。

〔77〕见第一篇《新史学》注〔46〕。

〔78〕英文字母源出德文，德文与拉丁希腊文之字母均源自腓尼基。腓尼基之字母仿自埃及之象形文字。

〔79〕创自罗马法。

〔80〕英国人，一八三四年生，一八九五年卒。

三、历史的新同盟

一

我们大家都知道历史非常常重编不可。这是什么道理？人类的过去，普通看起来，好像已经规定了。就是神学家也不敢说万能的造物能够改变它。那么为什么历史家不去利用所有的材料，做一劳永逸的事体呢？历史家回答说：因为我们对于过去的知识，常常有所增加；从前的错误，常常有所发见，有所改正；而且新眼光，常常有所发现；所以我们应该用较好的较正确的历史，去代替从前那种旧历史。这话不错，但是假使各代历史家，都能够尽他们的责任，改正从前历史家的错误，那就算尽他们的能事了么？难道他们对于选择材料同决定材料，没有陈陈相因的危险么？难道现在的历史家，都能利用三十年来许多新知识，同观察人类同社会的新态度么？

普通历史家所受的一种训练，往往使他得一种历史是一成不变的印象。他们知道自古以来就有人想建设历史的真理，又知道关于历史研究法的著作很多，而且有许多人很竭力地去保护历史的界线，不致受他种科学的侵犯。而且他们看见所有历史著作的精神和内容都是差不多，他们就以为历史的材料是有一定的，而且根据明白的一定的陈法去研究的。我以为这种心理的态度，是一种极大的误会的结果，足以阻止历史研究的发达。现在我们暂且先来讨论历史二字的意义。

第一，历史本身有一段长的而且复杂的历史，这一点，我们在前篇已经述过了。它的材料、目的同方法，自古以来就是很复杂的。我们知道种种变化的原因，我们就可以知道历史的将来，还有许多变化。我们知道历史自己往往不愿意地而且部分地适合于各时代的一般状况。时代变迁，它也变迁。第二，自古以来，所谓历史家研究的范围如此的广，所以不能将历史归到一定的范围里面去。举一例说，历史家可以如 Gibbon[1] 一样，去研究 Alaric[2] 陷落罗马的情形，使它有一种"容或有之"的空气。或者可以去研究古代希腊的瘴气，或者小亚细亚自从 Croesus[3] 以后空气中水分的变化，或者去研究法国革命的时候发行四千万佛郎钞票的影响[4]。至于研究历史的方法，我们一定要经过一种特别的训练，才可研究古代石器同普通未经人工的火石的区别，或者校订 Roger Bacon[5] 所著的 *Opus Majus* 那部书。就是研究 Luther[6] 对于"笃信上帝"四字之解释[7]，或者 Bismarck 对于老年同残疾的保险[8]，都是非有特别的训练不可。所以我以为不如不去下历史的定义，倒是安静得多。我们只要晓得历史家的责任，无非是研究有兴味的同重要的人类过去就完了。

而且历史能否进步同能否有用，完全看历史能否同他种科学联合，不去仇视它们。假使不然，那就误会近世科学进步的状况了。因为无论哪一种科学家，断不能要求独占一个小的科学范围，而且防护愈周到，那种学问愈不能进步。人类各种学问的范围，本来是临时的、无定的、常常变化的，并且各种学问的界线，是互相错综的。因为真正人类同真正宇宙的内容，如此复杂，所以即使性情忍耐、思想精细如德国人，也不能满意地而且永久地建设各种天然现象——语言、思想、事业、力量、动物、植物、星象等——的精理。各种科学是永远互相依赖的。一种科学的生命，全从其他各种科学里面来，而且它的进步，也是有意地或无意地靠着其他各种科学的帮助。

Kemp 教授对于他自己所研究的地质学，曾经说过，假使地质学没有旁的科学来帮助，它就不会成熟了。他又说："我们假使没有物理学、机械学、天文学、化学、动物学、植物学的帮助，我们就不能了解那个大的圆的世界的全部。"不但地质学的发生"以其他各种科学为根据，而且现在它同它们同时进步，靠着它们的帮助，同时地质学对于其他各种科学，也可以有点贡献"。研究历史的人对于历史的研究，也应该有同样的态度。假使历史要发达到最高的程度，它不能不放弃了个人的希望，而且要承认它自己不过是研究人类方法的一种。历史这种学问，要承认它自己同生物学、地质学及其他各种科学一样，它的发生全靠他种科学作根据，它只能同它们同时进步，它对于我们人类的了解，也可以有点贡献。无论历史是什么，总是一种研究人类的东西。假使历史家不注意他人对于人类的各种新发明，岂不是很愚笨很傲慢么？

假使我们要懂得现在历史家的地位，我们不能不追溯到十九世纪中叶去，那时候历史才受了近世科学精神的影响。我们曾经说过，从前的历史是文学的一部分，它的目的是文学的——当它没有被宗教家或爱国者利用的时候。但是到了六十年前，历史的研究上，开了一个新纪元，做出许多大事业，使历史家引以为快。这事业里面最显著的，照我看来，可得四种，这四种事业，我以为都是受天然科学的影响。第一，历史家批评历史的材料比从前严厉得多，把许多从前历史家所信仰的历史，部分地或全部地推翻了。第二，历史家决意去实事求是，不怕伤什么人的感情。第三，历史家开始知道历史上不特出的、普通的同晦暗的分子的重要；注意平庸的、日用的同平常的；不注意罕见的、特别的同奇怪的事情。第四，历史家开始轻视从前历史哲学家那种神学的、超自然的或以人类为中心的解释。这四种事业，我也不去详细说它们，因为没有人再会来怀疑它们的性质的。它们是多年研究的结果，也是历史进步的先驱。但是这几种事业，岂不是仅仅一种进步的先驱么？它们的性质，岂不是消极的么？它们只能做改造历史的预备，它们只能供给著作历史的必要条件，不是历史进步的计划。而且它们并不是必要条件的全部。历史家要了解过去，还是不能没有加工的预备。

Thomas 教授曾说过：一般人对于生活及世界，赞成进化的见解，已经大有影响于心理学、哲学、伦理学、教育学、社会学同所有关于人类的科学。这种见解，就是承认一种生活的状况断不能仅就它的直接各方面可以完全了解的。无论哪种东西，应该看做有一个来源同一个发达，我们不能不注意变化的发生同步骤。举一个例说，现在心理学家同神经学家并不仅去研究成人的脑筋，要想明白人类脑筋的作用同构造，他们还要观察儿童心理的作用同儿童脑筋的构造，来补充他们的研究。他们并且从这种问题直接的方面再要进一步去研究猴子的、犬的、鼠的、鱼的、蛙的，甚至于只有单细胞的动物的心理和脑筋。他们研究了一种，就有一个获得关于脑筋构造同心理作用意义暗示的机会。他们要从最下等动物的脑筋研究到最高等动物的，从最简的脑筋到最复杂的。一步一步地注意它们的构造同作用的不同，才能将最复杂的人类脑筋，弄得明白，或者说有了解的好机会。

依道理说起来，这种极有价值的自然发达观念的发见，应该是从历史家方面来。哪晓得历史家不但不首先知道史心的重要，而且他们将这件事交研究动物、植物和地质的人去发见出来。还有一件更坏的事体：我们可以说，虽然天然科学家已将这件事完全发明，历史家至今还是偶然之间去利用它。到如今历史这个东西，还不能同比较解剖学或者社会心理学那样"历史的"。就是在现在，许多历史著作里面，我们看见许多描写事实同状况的文章，立刻可以明白著作者还没有知道各种事物是有一个来源同一个发达的；也不知道变化的发生同步骤；也不知道一种生活的状况，断不能仅就它的直接各方面可以完全了解的。历史家当然也常常谈帝国的兴亡和制度的盛衰，而且近来他们也很注意各种制度的发达，关于这一端，他们总算能够适用发达的观念。但是他们仍旧不能脱去那种旧习惯，就是我们所谓历史的枝叶研究法。他们仍旧不知道事实的"所以然"，拼命地在那里描写事实的"然"。举一个例，现在大家何以不能明白法国的革命，就是因为历史家急要叙述一七八九年以后的大事件，不用前事去解释它。对于前事，往往用一段文章去敷衍一下，仍旧不能使读者明白以后的事情。又如学问复兴，也因为历史家不去明白学问复兴以前的时代，所以我们的观念异常错误。又如中古时代的文化，对于没有先去研究第四世纪文化的人，到如今一定还要莫名其妙。

现在历史家还是好像一个人在一张陌生床上醒转来，要想看看房中的器具来弄懂他自己的状况。这种奇怪，唯有回想过去才可解除。这种状况，唯有回想过去，才可了解——关于这一点，好像一个人从Chicago 到 San Francisco 去，中途忽然停下来，不能不在 Ogden 过夜一样。例如假使历史家将一六九二年 Salem 村里面的情形极详细地描写出来，同我们说某好好主教的地窖在什么地方；那个致命的傀儡是在哪里找出来的，并同我们指出在哪个地方，Nehemiah Abbot 的牛因为被萝卜闷塞忽然地死了；我们仍旧不能领会新英兰那样可悲的危机。因为真正有关系的问题是：为什么我们好好的祖先因为老妇同鬼通商就要绞死他们？[9] 只有比较宗教同教会史的知识，才可使我们明白这个问题。Cotton Mother 是一个污秽迷信的牺牲，这种迷信，新教改革家并没有去减少它们。即使我们对于 Cotton Mother 的环境加以极精密的研究，我们亦不能了解他这个人。

现在研究历史的人，往往趋向于专门的研究，希望专长　个方面。这种现象，足以阻止他们知识的进步。好的历史著作同坏的历史著作的不同的地方，或就在作者有没有"史心"。"史心"这个东西，将来一定要比从前还要发达，因为所有历史著作，假使要成为建设的而且教训的，应该都有这种精神贯注在里面；不应仅仅集了许多历史的原料就算了事。

历史家从科学家方面得来的恩惠，不止史心这个东西。此外还有在十九世纪后半期发明的两件极重要的历史事实。这两件事实，没有一件可以归功于历史家的：这是动物学家，第一回证明人类是从动物变来的；这是英国一个地质学家，第一回很有条理地证明人类住在地球上不止六千年，恐怕有六十万年。历史家研究的方法同希望，阻止他们去发现这种学说。现在历史家常说关于人类自动物变来同人类甚古等事，我们没有材料可以研究，所以不能发见它们。即使他们这话是对的，我们还是要问他们究竟有没有注意 Darwin[10]、Lyell[11] 这班人所发明的二个重要学说。无论如何，他们总不能急起直追地利用这种学说。这几种学说是很新的，在十九世纪以前的历史家 Ranke 同 Bancroft 眼光里看起来，于他们的事业是极没有关系的。就是到现在，还有人说人类从下等动物变来这件事，不是一件历史的事实，虽然他们承认 Henry 第二是 William the Conqueror 之后这句话，是一件历史的事实！

还有一件很重要的事情，就是现在大多数研究历史的人，还要说人类进化同人类很古两种学说，同他们所研究的问题，看不出有什么关系。他们的话是不错。实在大部分的历史研究，不必去管人种的由来，也可以进行的。假使他们研究当八八七年七月初一这一天，肥胖的 Charles[12] 究竟是在 Ingleheim，还是在 Lustnau，当然可以不管 Charles 的祖先是不是由动物变来的；假使他们研究 Ohio 河上法国炮台[13] 究竟在什么地方，或者研究 Marie Antoinette[14] 为什么厌恶 Mirabeau[15]，当然可以不管在 Heidelberg 地方[16] 掘出的古代人类的颚骨是怎样。我们研究历史，当然不但可以不管人类的原始，就是不懂得人类是什么东西，也不要紧。但是有许多别的科学里面，有许多关于人类的发明，我们不能不知道的，除非我们愿意去冒肤浅和谬误的危险。

二

照这样看起来，历史家虽然在那里尽心竭力地想将历史变为科学，却仍旧让天然科学家去说明史心的利益，发明了两种关于人类的学说。这种学说，比所有 Giesebrecht Waitz Martin 或 Hodgkin 所发现的还要革命一点。现在研究历史的人，不但应该急起直追去适合自已于一般智识状况中的新分子，而且应该快快表明他们对于各种关于人类新科学的态度。各种新科学，因为利用进化原理的缘故，所以进步得异常的快，而且能够改正一般历史家所下的断语，解除了许多历史家的误会。所谓关于人类的各种新科学，我以为最重要的就是广义的人类学、古物学、社会的同动物的心理学、比较宗教的研究。经济学对于历史已经很有影响。至于社会学，照我看起来，不过是对于人类的一种很重要的观察点，并不是一种关于人类的新发明。各种新的社会科学各去研究人类的各方面，已经将我们许多历史家惯用的历史名词的意义大大变更了——如种族、宗教、进步、古人、文化、人类天性等。他们推翻了许多历史家的旧说，解释了许多历史家所不能解释的历史上的现象。我们现在先说古物学的重要。

守旧的历史家恐怕立刻要反对说，未有记载以前人类的发达，无论怎样重要，但是我们不幸没有材料可以根据。他们说古物学虽然发现了几件比埃及还要古的人类手制的器具和人类的骨头，甚至全副人体，而且我们都承认在埃及文化未发达以前，人类在世界上已有千万年。但是除了古代人类颚骨的形状同他们石器骨器的性质以外，我们哪能知道古代人类究竟是怎样的呢？假使我们对于 Diocletian[17] 同 Clovis[18] 的时代已经不能十分明白，那么要想推想穴居野处时代人类的习惯，岂不是无理取闹么？

若说古代穴居人类的家庭生活，到如今还是在黑暗里面，那是不错的，恐怕始终还没有明白这一天。但是关于未有记载以前人类历史的材料，如今已经不少了。普通人所以不知道它们的重要，就是被"有史以前"这个旧名词所误。历史家到博物馆中去参观了一盒一盒的石器、石斧、箭头、刮刀同画在骨头上的图画以及新石器时代的陶器、铜器等觉得可厌，并以为这些东西，最多不过可以证明从前有种野蛮的人，同现在的蛮族差不多，那就完了。但是假使他们去仔细想一想，就要使他们知道"历史"同"有史以前"的区别，实在是一种武断的区分。所谓"有史以前"四字，意思本来就是 Moses[19] 同 Homer 没有开始记载人事以前，我们对于人类所知道的东西。

但是历史这样东西，广义地说起来，包括所有我们所知道的人类过去，不问我们所用材料的性质是怎样。古物学上材料的可靠，有时不但远胜于记载，就是在有记载以后，它们还是很重要。现在许多材料，并不是书籍，也不是碑文，我们亦承认它是历史的。古代人类所用的石斧，南部欧洲、非洲、印度、日本、北美洲，都有这种东西，这是一件历史的事实，不是一件历史以前的事实。同 Cæsar 于月圆的时候渡过英国海峡那件事[20]一样的历史的，而且还重要得多。

假使研究历史的人，还不去注意原人学，就请他们去想一想下面这件事情：假使最古的拳斧是二十万年以前人类所造的，那么我们所谓五千年至七千年历史的时代，不过人类慢慢建设文化时间的三十或四十分之一。但是比较地说起来，拳斧是一种很完全的器械，而且传布于地球的各部，所以从人类不能说话不能造器的时候，到制造石斧的时候，中间不知道已经过多少年代的进步。照这样看起来，假使研究历史的人不知道原人学，他们就有失去人类全部发达配景的危险。从前 Usher[21]说，所有人类同陆地的动物，都是在纪元前四○○四年十月二十八日礼拜五那一天造成的，而且从前有许多关于我们同"古人"关系的肤浅的谈话；我们现在已超出这种学说的标准了。

我们好像可以说，从 Plato 同 Aristotle 到现在这个短时间里面，人类的知识没有增加，也没有减少。实在说起来，假使我们能够将一群纪元前五世纪时候雅典上流家庭的婴儿，同一群现在知识阶级中的婴儿，完全同文明分离，饮狼乳、食鸦食，这两群孩子的文化，一定要同猩猩差不多。究竟要费多少时候，他们里面可以产出才能出众的人造成一句话，发明一种火，或者削一块火石造出一柄石斧，没有人能够知道。而且我们也没有理由可以想到两群之中，有一群对于进步上有一种胜于其他一群的利益。唯有教育和社会的环境，才能分别我们文明的人和地球上最野蛮的人。

再是种族二字，历史家往往很随便地去用它。从前关于种族的原理同人类发源于亚洲西部的学说，是由《创世记》中关于极乐园、洪水同当造 Babel 塔的时候言语混杂，那种种记载有意提示出来的，或者无意中加以援助的[22]。例如 Mommsen[23] 在《罗马史》第一章里面，关于 Aryan 种所说的话，现在看起来，同 Babel 塔那种观念一样的天真烂漫同奇怪。自从世界有了人类以后，水陆的分配、气候同动物界，不知道经过了多少变迁。这种物质上的自然变迁，当然要使人类有各种移动同混合，此外还加以征服、侵犯、奴制同各种男女性的关系，结果将各种不同的人混合在一处，产出异常复杂的道德、习惯同语言。虽然有了这种现象，历史家还是常常谈及人种二字，好像我们仍旧可以相信 Max Muller[24] 所说的 Iran 高原同 Aryan 种分布的那套话。

上面所说的，应该足以证明古物学对于历史家的重要，因为假使他们不去注意它的结果，他们就有维持古代谬误的危险。但是我们要知道有记载以后人类文化的来源，我们并不是限于过去人类同人类手工的遗迹。假使像 Thomas 教授所说的："现在蛮族的社会，实在是一种未发达的文明；现代的蛮族，无异一种我们同时的祖先。"那么那班研究家——就是人类学家——研究现在蛮族的习惯、风俗、制度、语言同信仰的人，对于历史的真了解，一定能够大有贡献。从人类发达方面看起来，人类学可以当做历史的一部分，好像动物心理学同比较解剖学是人类心理学同人类解剖学的一部分一样。

我们至少有一个著名的历史家，已经承认这种真理。Edward Meyer 教授在他那部增订再版的《古代史》里面，足足有二百五十页是关于"人类学原理"的话。他说："我的著作前面，作了如此一篇导言，在从前恐怕要激起人家的诧异，而且要遇到许多人的批评，因为当时大部分历史家都完全不注意这种问题的。现在这种事体是很普通的了，没有声明的必要了。……实在说起来，在科学化的而且眼光正确的古代史里面，这篇导言是绝对的必要的。"

但是现在有许多历史家对于人类学帮助历史家的地方，还是很不明白。一部分因为他们对于人类发达的全部问题，本来不甚注意；一部分因为他们颇有理由的不十分相信我们可以用人类学上的原理同计划，来解说过去的事实和状况，恐怕有引入歧途的危险。

　　但是因为我们太笨，不知道一种器械如何使用，就去排斥它，是一件事体；我们要保护我们自己，不使这种器械来刺伤我们，是另一件事体。就是最坚忍的同最殷勤的历史家，除非他穿上上帝的军装，来保护历史的疆界，也一定要知道研究人类学的价值。因为研究人类学，可以使我们得一种平衡同眼光，去研究宗教或宗教的制裁，或者守旧精神的潜势力——这也就是历史家所常常遇到的东西。近世科学里面，唯有比较宗教的研究将我们陈腐的历史观念推翻了。因为研究宗教的材料同方法，是半历史的，也是半人类学的。从前的历史家对于宗教上的现象，往往不能看透，以为那种现象是自然而然的。宗教的来源，也往往不能激起他们的好奇心，不知道宗教实在是人类发达方面一个最容易说明的方面。产出正宗派基督教的那种混合主义亦已弄明白了；那种很古的很简陋的迷信，混合在神父的神学里面的，亦已弄明白了。

　　St. Germain en Laye 博物院的有名院长 M. Solomon Reinach 同我说，几年前当 Mommsen 来参观成绩品的时候，他并没有听见过冰期[25]，也没有听见过拜物主义。Mommsen 以为这种名词是这个院长伪造出来的。现在我们大家都知道 Mommsen 是近世一个非常的历史家。他的著作的丰富而且好，我们大家也都知道的。但是因为他不知道考古学同人类学上的两种最普通的东西，所以阻止他不能在正确的配景里面，去观察罗马的文化同领会罗马的宗教，恐怕甚至法律的现象。好像 Henry Adams 曾经说过，人在长期的冰期时代，好像一个"函数"。至于拜物主义，曾经叫它来解说这种现象：如 Magdalenien 时代[26]山洞里的壁画，犹太人的怕猪肉，同垒球队的尊重"福星"。就是基督教的许多信仰和习惯，现在也可以直接地或迂回地追述到拜物主义、精神自存论、神赐的食粮等里面去。

　　研究历史的人明白这一点，假使还没有去做，应该快去读读人类学同比较宗教的好著作。假使他们读了这几部比较显著的书——Thomas 的《社会由来材料选读》（*Source Book for Social Origin*）、Sumner 的《人类行动》（*Folkways*）、Solomon Reinach 的 *Opheus*、

Conybeare 的《神话魔术同道德》（*Myth，Magic and Morals*）同 De Morgan 的《古代文明》（*Les Premiers Civilizations*）——还不能根本变更他们的历史观念，那真是一个很笨的人了。

三

因此我们对于我们同"古人"关系的观念、一般宗教的同基督教的观念，同种族的观念，如今因为受了非历史家研究的影响，大大地变更了。天然科学家指出从前那些历史家论理的肤浅，而且指明一种新的而且较真确的方法去解释过去的事实同状况。许多名词历史家并不十分明了就去用它们，就是"进步"、"衰败"、"人类的天性"、"历史的继续"同"文化"等。稍稍加上一种人类学的色彩同社会的同动物心理学的各种新科学的原理，这类名词的意义，就可以明了正确许多。

社会心理学，现在虽然还在幼稚状况里面，以下面这个自信为根据：就是我们因为同他人联合，所以有了自己。"己"是社会的出产品，没有他人，我们就没有自己。Mead 教授说过："己这个东西，无论它在形而上的学上是可能的还是不可能的，在心理学上说起来，它不能存在的。假使要有自己，一定要有他人。心理学的解剖同反省，同儿童与野蛮人心理的研究，总不能找出一种状况的暗示，可以使己这个东西有意的存在，除非为同他己对待的东西。"

骤然看起来，关于己的来源同它的存在有赖于社交这种问题，同 Sargon 在位的时代[27]学问复兴的意义，或者 Napoleon 对于可以征服英国的意见等问题，离得太远。但是有许多还要重要的事体，历史家的断语不能不大受影响的，假使他们去研究关于人类模仿公理的讨论——这是同 Tarde 的名字，尤其有关系的——同人类自动物传下的天性同理想的关系。实在说起来，我们假使没有社会心理学，人类的发见同误会如何获得、如何传播——总而言之，人类的全部文化，何以和似人的动物不同，这个大而且重要的问题，永远没有了解的希望。没有动物心理学，就不能懂社会心理学。唯有这种研究，才能说明进步同退化的真性质——这种东西，没有一个历史家可以置之不理的。在这样一篇小文章里面，要说明这个杂乱的理论，显然是不可能的，但是我以为它如此的重要，所以我敢在下面再简单地去说一下。

第一层，我们对于种种事物，如今岂不是还作"以人类为中心"那个观念的牺牲么？西方世界承认这种观念好久，所以虽有六十年来的种种发明，我们如今还有许多未曾改正的观念潜伏在我们的判断里面。我怕我们常常忘记人类并不是上帝一天造成的，好像 Mark Hopkins[28] 同他同时的人普通相信的一样。人类是从不能说话同不能耕田的动物进化来的，并不是出世之初，就有纯洁的高尚的希望、很发达的语言和农业的知识。所有古代的同现在的动物——人类亦包括在内——"恐怕统有远近血族的关系联合起来"。所以我们的血统不止几百代，实在可以追溯到地球上自有人类以来所有地质学上的年代。人同似人猿身体相同的地方，早已有人说过。二千年前罗马人Ennius[29] 曾说过这个可耻的发见："人同猿何以这样的相似。"自从近世动物学同比较解剖学发达以后，人类和动物身体构造相同的地方愈加显明。Darwin 曾经将人类的祖先描写出来，有一条尾，可以握物的脚同像犬的大牙。后来加以种种遗留筋肉，同隔世恢复遗传的发明，同病理学上的状况——这种状况，唯有进化的学说可以说明，这个理论，更加确凿有据了。但是假使我们的身体同身体的作用，同高等动物如此相似，那么我们的心理又将怎样？是不是我们的心理——本来是慢慢地从动物心理发达出来的——和动物的心理，完全不相同的，还是它们好像我们的身体一样，仍旧保存所有有用的，同一部分可以为我们的障碍的，或者可以产生暴乱的？难道我们动物时代祖先的心理，不但当我们幼稚同年老若痴的时候，重新发现，就是在我们壮年时代，一遇饥寒，也要重新发现么？我想研究动物心理学的人，必会承认人类的心理作用，有许多是由动物传下的这句话，并不武断。假使这话是对的，我们岂不是应该去研究动物心理学，求一种智识，使我们来发见而且明了人类同动物不同的地方么？

近来美国各大学里面，才有比较或动物心理学的地位。Thorndike 教授在十二年前恐怕是第一个人将心理学放在一个实验的根据上。从此之后，心理学大有进步，在美国尤著。当猿动它的眼睛时，我们很难希望知道它在那里想什么。Reinach 从前说过："动物不能使我们相信的。"但是科学上的观察同实验，已可证明猿同他种动物都有受教育的能力同学习的方法。科学家又证明像人猿能做许多它祖先所不能做的事体。它真是"很堪造就"的。它好像用试验同错误，或者用我们所谓作伪心理的方法，以赏罚去激动它，可以学得许多东西。模仿性的性质同地位，现在虽然还没有个十分明白，但是我以为没有人会怀疑它的重要。现在我们不能不提一个显著的问题：我们人类是不是同像人猿一样，大部分也因为有了试验、有了错误、有了作伪的能力、有了赏罚的激动、有了模仿性，才可以学得许多东西呢？我以为它的答案是：差不多所有我们教育的根据，同猿差不多。对于一个相信历史继续原理的人，这是一种很可喜的新发明，虽然从另几方面看起来，未免耻辱一点。

我知道大部分历史家，骤然看来，以为比较心理学同历史相去太远，难生关系。但是这种印象是错的，至少关于文化的性质同传播的问题方面。我们假使没有动物心理学的观念，我们就不能了解人类文化的性质。所以历史家若能区别高尚的同罕见的人类心理，同普通的同根本的动物心理态度——对于这种态度我们常常依赖的——那么对于思想的变迁、制度的发达、发明的进步、几乎同所有宗教的现象等，恐怕就要容易研究得多了。

我从心理学方面举一个例。Gabriel Tarde 竭力主张我们所有各种文明的最细原质同各种文化的原子，除动物的设备以外，一定都是一代一代传下来的，或者重新发见的，不然，就消灭了。现在证明这个公例在历史上的作用，是我们历史家很重要的一部分义务。文明不是本有的，但是由广义的模仿传下来的。一个字、一本书，或者一种器具，假使不去宣传它，或者刷新它，就要消灭。再举一例来证明这个规则。假使西罗马帝国瓦解以后，大局扰乱和学问消沉的程度，稍稍加高，恐怕西欧的希腊文书籍就要完全消灭了。假使当 Tours 的 Gregory[30] 时代，在 Gaul[31] 地方能读希腊书的人，只有 Constantine[32] 时代的一半，那么 Xenophen[33] 的《Cyrus 之教育》(*Cyropaedia*) 同 Euripides[34] 的 *Elektra* 两部书消灭的机会，不知要增加了多少。

我很知道上面所说的话，对于有思想的读者，许要引起一种危险。历史家可以承认他们实在没有注意现在各种新发明的学说对于他们的结论有什么影响，但是他们要问：他们怎样还有工夫去研究人类学、社会学、经济学、比较宗教的研究、社会心理学、动物心理学、地文学、气象学等科学？就是这几种科学的名字，已经不易追随。而且他们亦有一种自然的怀疑，以为他种科学家对于他们自己还不十分知道的东西，往往加以浅易地解释。而且新社会科学家里面，也有常常提起从前历史哲学家自以为已经发明了人类过去的精神，实在他们并不懂什么。这种话亦未免太唐突一点。

但是历史家假使将近世的社会科学，同从前那种旧的而且没有信用的历史哲学相提并论，那就大错了。历史哲学家要想研究人类的过去来满足他们的感情作用，他们的解释，根本上往往有点神学的或者民族的成见。至于现在社会学家刚刚相反，对于过去贡献一种很实在的、有价值的、虽然显然是部分的解释。虽然社会科学家，有时好像 Hume 所说，忘却了"造物在它的作用里面所激起的不同"，而且逾分的要想说明许多东西，但是他们的效用，我们不能因此就应该忽略的。

照这样看起来，历史家同地质学家、生理学家，同生物学家一样，即使没有工夫去研究各种科学的原理，也不能不利用各种科学家有关系的学说。历史家不一定要作人类学家或心理学家，才可以利用人类学同心理学的发明同学说。这种发明同学说，对于历史家可以贡献一种新眼光同新解释，可以帮助历史家矫正了许多谬见，消灭了许多贯彻历史著作里面旧日的幻想。最要紧的，历史家应该绝对地怀有史心，利用进化的学说，而且要承认虽然以历史家自居，以历史家自负，自己的态度和方法，在所有研究人类的学者里面，还是最不是历史的。

有时他种科学的学说，固然未免言过其实一点，他们所贡献的历史解释，也往往不能免历史家的反对。社会学家、人类学家和经济学家，往往走得太快，而且太不谨慎，所以有许多历史家因此就不免有过度的保守，就绝对地不去想了。但是无论如何，想得太少比想得太多还要冒险。假使把他种同历史同盟的科学思想，好好地利用起来，很可以大大地增加历史研究的力量同范围，使研究历史的结果，比自古以来还要有价值。

【注释】

〔1〕见第二篇《历史的历史》注〔16〕。

〔2〕见第二篇《历史的历史》注〔50〕。

〔3〕纪元前六世纪时 Lydia 最后之名王，以富名于世。后为波斯王 Cyrus 所败而亡。

〔4〕法国革命时，发行钞票过多。不久即有价格日落之象。至一八〇〇年时每百佛郎之纸币，其价格尚不及正货百分之一。国家财政状况，愈形纷纠。

〔5〕英国人。一二一四年生，一二九四年卒。Francis 派之修道士，研究所得，极有科学意味。曾提及电话、抽气机、摄影机、火药、飞机、轮船等发明。著有书籍八十余种。

〔6〕见第二篇《历史的历史》注〔28〕。

〔7〕彼以为徒行善事而不笃信上帝，则与不行善事等。笃信上帝，自能入圣；虽不行善事可也。

〔8〕德相 Bismarck 颇主张实行国家社会主义，以抵制社会主义，故于一八八二年提出工人损伤疾病两保险案于国会。于一八八五年通过实行。于一八八九年又有老年工人保险案之规定云。

〔9〕十七世纪末年，英美诸国，颇有迷信巫术者。一六九二年前后，美国 Massachusetts 州 Salem 村中，有青年数辈，组织一种俱乐部研究巫术。渐模仿被惑者之行动，卒致因受刺激有类疯狂。乃以蛊惑之罪加诸数妇人，中有红印

度种女仆一人，受鞭痛极而自承。众大恐。因犯妖惑之罪而绞死者，凡十九人。至一六九六年 Massachusetts 全州人方知此事之无根，与前次之错误，举行忏悔祷告之礼。日后某女子方自承此"莫须有"之事，实彼一人所主动云。

〔10〕见第二篇《历史的历史》注〔68〕。

〔11〕英国地质学家，一七九七年生，一八七五年卒。著有《地质学原理》及《古代人类》诸书。

〔12〕即法王 Charles 第二。八三九年生，八八八年卒。于八八一年为德国皇帝称 Charles 第三，八八七年被废。

〔13〕美国中部大河，当七年战争时（一七五六年至一七六三年）法国人沿河筑炮垒，为联络北美南北两部殖民地之用，卒为英人所夺。

〔14〕法王 Louis 十六之后。一七五六年生，一七九三年被杀。

〔15〕法国革命时代之政治家，以善辩著于世。极主张君主立宪以迎合当日之潮流。法王不能用，卒召丧身之祸。Mirabeau 生于一七四九年，于一七九一年因荒淫过度而卒。人咸惜之。

〔16〕德国地名。

〔17〕罗马皇帝，以贤明著称。二四五年生，二八四年即位，三〇八年退位，三一三年卒。

〔18〕五世纪时之 Frank 民族酋长。

〔19〕犹太人，率其族人离埃及而返于犹太，于 Sinai 山上，受耶和华之十诫。

〔20〕在纪元前五十五年，第一次渡海为八月二十五日。

〔21〕爱尔兰人，一五八一年生，一六五六年卒。

〔22〕《旧约全书·创世记》中，以为人类语言之混合，实始于巴比伦首都 Babel 地方云。

〔23〕见第二篇《历史的历史》注〔72〕。

〔24〕德国言语学家，一八二三年生，一九〇〇年卒。

〔25〕据地质学家之计算，古代冰期有四：第一期，自纪元前五〇〇〇〇〇年至（纪元前）四〇〇〇〇〇年；第二期，自纪元前四〇〇〇〇〇年至（纪元前）一五〇〇〇〇年；第三期，自纪元前一五〇〇〇〇年至（纪元前）三五〇〇〇年；第四期，自纪元前三五〇〇〇年至（纪元前）一五〇〇〇年。

〔26〕此期即旧石器时代之最后期。约在纪元前三五〇〇〇年至（纪元前）一五〇〇〇年。

〔27〕约在纪元前三八〇〇年。

〔28〕美国人，一八〇二年生，一八八七年卒。Massachusetts 州 Williams Congregational College 校长。

〔29〕罗马诗人，纪元前二三九年生，（纪元前）一六九年卒。

〔30〕法国人，五四〇年生，五九四年卒。著有 Frank 史。

〔31〕在今法国南部及意大利北部之地。

〔32〕见第二篇《历史的历史》注〔61〕。

〔33〕见第二篇《历史的历史》注〔4〕。

〔34〕希腊悲剧家，纪元前四八〇年生，（纪元前）四〇六年卒。

四、思想史的回顾

一

Bacon 在他的《学问之进步》（*Advancement of Learning*）里面说："现在虽然有人研究天然现象、政治同宗教，但是总没有人能专心去描写历代以来一般学问的状况。世界史中没有这种东西，就同没有眼睛的 Polyphemus[1] 像一样，那么，最足以表示人类精神同生活的那一部分就缺少了。我知道现在各种科学里面，如法律、数学、修辞学、哲学等，常常提起了学派、著作家同书籍这类东西，而且也提到美术的发明同各种习惯的关系。但是一种平允的思想史，包括思想同思想派别的古风同来源、它们的发明、它们的习惯、它们的兴盛，它们的反对、衰替、消沉、埋没、移转，它们的起因同理由，同所有自古以来其他关于学问的事实；我可以说，到如今还是没有。"

自从 Bacon 说这几句话的时候到现在，虽然已经三百多年，但是他所指明的缺点，如今还没有人去救济。我们到如今还是没有一种"平允的思想史"。我们虽然有几种思想史，最著的尤推哲学史同神学史，但是这一类的著作，往往限于各种著名思想家的学派——如 Plato 派、Aristotle 派、Kant[2] 派、Hegel[3] 派、Paul[4]、Augustine[5] 派、Aquinas[6] 派、Luther 派、Jonathan Edwards[7] 派——而不注重当时一班人流行的思想。普通人只能懂得各种哲学派里面的简单容易的一部分，来影响思想史。当我们说 Augustine 主义、Hegel 主义或者 Marx[8] 主义的时候，我们所指的，并不是这几个人全部的哲学，不过是他们特别的几点罢了。至于他们哲学的精义，唯有专家才敢去研究的。现在有知识的人，假使要追述而且问问他们自己同一般人所承认的思想，究竟从什么地方来，大部分非普通哲学史里面所能寻出回答的。Bacon 的话，到如今还是不错，因为我知道现在还是没有人明白想出一部思想史。

但是过去的最重要教训，比之使我们知道我们对于大问题的眼光如何发生、如何发达、如何变化，还有更重要的么？我们的眼光并不是我们自己想出来的，而是同我们居地的制度同社会的习惯一样，从古代传下来的。一种思想的内容，是经过几千几万年积成的出产品。现在有许多普通的观念，断不能发生于近代的，一定发生于同现在不同的状况里面。所以我们的陈腐知识，往往不能应付各种新的同没有听见过的事业。唯有研究人类思想的变迁，才可使我们明了这一点，才可以变更我们的眼光，去适合现在的环境。

假使，好像我们上面曾经说过，在我们动物的时代，思想的变迁往往在环境变迁之后，那么要知道我们对于世界眼光同态度的谬误，能不研究我们眼光同态度的来源么？Bacon 说历史家给我们一种没有巨大眼睛的过去偶像，这句话岂不是很对的么？

Draper[9] 的《欧洲思想发达史》（*Intellectual Development*）这部书，风行了许多年，就可以证明大家对于这方面的兴味。他这部书，享了好几年的盛名，实在是名符于实。以我们近世的眼光看来，除了它的体裁还好，文气还盛以外，缺点实在很多。Draper 始终不愿意向我们说明他的材料从什么地方来，可是我们一看就知道他的印象是从一千八百六十年间各种著作里面来的。他的断语没有一点是从原来材料研究得来的。他明明白白地同我们说，他的目的在于证明两种定律，这两种定律，现在已经没有人相信了。

当 Draper 著作出世的时候，Lecky[10] 著了一部《欧洲唯理主义之兴起及影响》（*Rise and Influence of Rationalism in Europe*）。这部书同 Draper 的那部大不相同。这部书是精心研究的结果，而且将作者特别的谨慎同知识的平衡表示出来。但是不幸他这书只限于最后三世纪的欧洲思想的变迁，同可以说明那种变迁的必要背景。

第三种著作曾经激起许多注意的，就是 White 的《科学与神学之战争》（*Warfare of Science and Theology*）。这部书里面的措辞异常激烈。这或者因为著者自己亦曾参与此种战争的缘故。他作书的时候，有许多有学问的人供给他许多证据。他很有力地去利用这种证据，打破了一班神学家。但是他自己曾宣言他的目的，无非表明基督教"教父"同中古的习惯的荒谬，并不是叙述一种公平正直的思想史纲要。Leslie Stephen[11] 所著的《十八世纪英国思想史》（*English Thought in the Eighteenth Century*），很可作十八世纪哲学史和文学史的补遗。A. W. Benn 所著的《十九世纪英国之唯理主义》（*English Rationalism in the Nineteenth Century*）专叙述不满意于宗教的思想的发达。Merz 所著的《十九世纪欧洲思想史》（*History of European Thought in the Nineteenth Century*），恐怕是对于思想上一种最有研究的最大的空前贡献。里面有几篇文章，很可证明研究这种历史的利益。近来 H. O. Taylor 著了一部很好的《中古心理》（*The Medieval Mind*）。这部书是一种很同情的、而且批评的、而且根据材料的研究。但是上面所说的几部书，无论它们好得怎么样，都是限于一个时代的，除了 Draper 那部已陈旧不可用的著作以外，没有一本里面我们可以找出一个自古以来欧洲思想变迁的大纲。

看看各时代所贡献的问题如此复杂，要"描写历代以来一般学问的状况"，好像是非失败不可的样子。但是假使我们能够脱离旧式的研究历史的方法，将人类知识遗产的伴侣，有条有理地叙述下来，不要专门注意特种研究家或学者的心理态度同知识范围，只注意一般思想界的心理态度同知识范围：他们对于各种大问题的见解、他们的推理方法、他们的批评能力、他们的威力、他们所服膺的材料同来源（不问它是神的还是人的）、他们的知识范围、他们的蒙昧程度——那么要描写历代以来一般学问的状况，也不是一件不可能的事情。研究的时候，当然应该特别注意知识——或者什么误以为知识的东西——获得同遗传的方法，以及利用知识去增进现在同将来世界人类的状况同安宁。

二

现在我们想著一部思想史，不能不注意几种极有关系的发明，这几种发明是从前 Lecky 同 Draper 辈所不知道的。我们现在已经很信人类的心理，追溯回去，可以同动物的心理合起来，所以近来动物或比较心理的研究，很足以使我们明了人类思想的状态。我此地并不是说我们有理由可以断定动物有狭义的推理能力；我此地的意思，就是有几处地方高等动物的学问方法，同我们人类的学问方法，有许多很相仿的地方。无论如何，研究动物的心理，最足以明白人类心理的特点。有几种高等动物，似人猿尤其如此，很能受教的，而且表示出一种不用理想的求学的可能。这种能力——不用理想而得知识——不但是人类同动物所共有，而且人类的比动物的还要大得多。人类文化的真性质同传布文化的方法，以及人类理想同猿类心理作用的不同，唯有动物心理学，才能使我们明白。这种新科学现在有人加工地研究它，在美国尤盛。至于上篇所说的社会心理学，将来应该可以使我们明白人类互相依赖的性质同程度。总而言之，我们人类不但还有动物的心理，而且还有人类学所发见的那种蛮族所公有的原人理想。好像我们那种动物心理当危急的时候常常发见一样，我们的原人理想，假使我们没有积久而成的知识同人为发达的批评去压制它，它就要常常流露出来。

关于几千万年以来人类心理的发达，我们只能将古代人类手工的遗迹，加以从蛮人的理想同婴孩的心理的发展里面提出的推理，来作一种根据。未有记载以前，我们只好根据什么人类所做的几件东西，去推想什么他们所知的。我们没有方法能够发明最古历史上文化的根据——六千年前埃及文化。

埃及人看起来，好像没有希腊人所谓知识的生活。他们附会出一个很复杂的死后生存的原理。他们有许多工业上的发明，而且他们因为要利用 Nile 河水——他们赖以生活的——涨落的缘故，仔仔细细去仰观天象。西欧各国受埃及所赐的地方，当然比我们能断定的为多。但是关于时间之划分为小时、分、秒，同划分圆圈为三百六十度的方法，我们都从 Babylonia 同 Assyria 得来。希腊人同后代西欧人研究星占学的热心，就是从这种古代文明里面得来的。

狭义的知识生活，就我们所能追溯的而论，好像发源于纪元前六七百年时候住于小亚细亚的希腊人，就中 Miletus 一城尤其著名。但是 Thales[12]、Anaximander[13] 同其他诸哲学家的哲学里面，都有一个大基础，从上面去研究它。当这派哲学家问万物的原理是什么，他们这个问题实在异常的诡辩而且诈伪，而且就是代表一种科学的探玄，这种探玄，唯有思想很成熟的时候才能发生的。所以我们可以说自从 Thales 到如今，所有的哲学家都想拼命去维持这个科学的野心，因为这个野心，常常有受较旧的较简陋的思想——我们可以将它们归诸实用的同传奇的派别里面去——的破坏的危险。

Ionia 派[14]哲学家同 Elia 派[15]哲学家，看起来好像专门在形而上的问题上用心，如"一与多"同"有与非有"种种观念，及这种观念所提出的种种似非而实是的论调。忽然我们有一班雅典的诡辩派[16]出来，代表知识生活的完备同成熟。有许多地方，就是现代也不能同他们相比。不幸他们的著作，大半都失传了，或者因为他们许多的哲理——如 Socrates 的哲学——不是笔录下来的，但是限于谈话同口辩的。我们对于这派的印象，大部分是从一个敌对的 Plato 同 Aristotle 所引的成文里面得来的。

Plato 同 Aristotle 两人的智力的生气，如此的丰富；他们哲理的范围，如此的广大。所以当我们尽心去研究他们的著作的时候，我们觉得他们以后的思想史，不过一种退化史。所以当我们研究欧洲思想史的时候，我们固然要问 Plato 同 Aristotle 所深信的同发现的是什么；但是特别要问他们的思想里面，哪几方面是流行于当时同后代智识阶级中的。他们独能做欧洲思想界的泰斗，为我们智识的泉源，这是他们的运命。我们知道一方面 Cicero[17] 的怀疑哲学溯源于 Plato，一方面 Plotinus[18] 同新 Plato 派[19] 中人的超理性的同出神的主义，也是溯源于 Plato。至于 Aristotle，无论近世批评家是研究文学的、哲学的、科学的或政治学的，都要惊奇同崇拜。同时我们亦应该知道他是十三世纪学校哲学家的偶像，他们都利用 Aristotle 的《本质原理》同《最后原由》同他的干枯论理，来作他们哲理的根据。

当 Alexandria 同其他地方极盛时代，希腊派的学者，好像很能将希腊的习惯有益地继续下去。但是他们知识的增加，远不如训诂、注释同文学的批评那样多，很难动罗马时代一班思想家的心。Alexandria 派的著作大半失传，只有 Euclid[20] 的几何学同 Ptolemy[21] 的地理、天文、气象等著作，被阿剌伯学者保存下来，到十三世纪重新在西欧发现。

罗马帝国末年希腊思想衰落的时候，同时有一种新思想的热诚随之而起，它的根据同从前关于人类起源同生活要务的设想，绝对的不同。近世一个最大的历史发现，就是什么我们所谓中古的思想，实在发生于罗马帝国的末造，北蛮没有南下瓜分那个大帝国以前。Plutarch 在的时候已经有一种感情的革命，慢慢地将希腊思想生活的习惯性改了。理想变成了一个怀疑的目的；它的无能，好像已经证明了；所以当时的知识阶级中人往往不十分到 Stoic 派的拘束里面求自慰的方法，只是到新 Plato 派的放荡、巫术的幻想、东方的玄学里面，求自慰的方法。希腊思想的纯洁同中和，慢慢地退让给理想的藐视同超自然的深信。Plotinus 以为唯有生活上较卑下的东西是在理想范围的里面，至于高尚的真理是超自然的。我们要希望达到我们的最高志气，全靠天知，不赖理想。

Harnack[22]说过，新Plato学派有几点虽然是高尚得很，而且足以感动我们，实在呢，是一种思想的破产。藐视理想同科学，终究引起了野蛮的精神，因为它的结果是迷信，而且容易受各种虚伪的造作。而且事实上野蛮的精神，果然继那新Plato派隆盛时代而起，一班人都是生在迷信里面。基督教会受了新Plato派的遗产，不能不注意这一派而且同它调和。正当古代文化要破产而且堕入野蛮精神里面的时候，欧洲史里面已经发现了一种野蛮民族的将来好运，对于他们那一千年的事业，这时候还没有发生。所以这件事实虽然很晦，但是我们仔细研究一下，就要看出古代的世界必要自动地退化到野蛮地位去，因为它已经放弃这个世界了。它已经没有享用、支配同明了真正世界的希望了。另有一个新世界发现了，所以放弃了这个旧世界所有的东西。当时的人类已经预备牺牲见识同了解，去占据另外那个新世界。根据那个将来世界的光明来看这个世界，坏的变作好的，好的变作坏的了。

恰好在这个时候，历史上的基督教义在那班"教父"的著作里面得了它的信条。我们应该知道最著名的教父Augustine曾经受波斯Manes[23]教义同新Plato派引诱的影响。Santayana说得好，基督教《创世记》成为一种新知识生活的根据，以一个感情为中心发达起来，同纪元前五世纪时雅典的知识愈去愈远。这种新思想能够生出许多观念玄妙的分子，显然可以在Plato的学说里面看出来。但是它对于Democritus[24]、Epicurean派[25]、Aristotle同Alexandria时代的一班科学家——Aristarchus[26]、Hipparchus[27]、Archimedes[28]等的对于世界知识上各种贡献，绝对地不赏识。假使当时这班科学家的精神同方法，果能实现，那么我们现在的天然科学，也许早已发达了。自从Socrates以来的知识生活，最后结果非失望不可。这种知识生活太是完全知识的，新思想者要想在纯粹知识作用同清洁里面，去研究真理，很少去研究社会的同经济的问题，也不知道我们苦心研究科学的重要，同应用研究天然所得的知识于实用目的的可能。

关于这一点，十二和十三两世纪学校哲学派的复兴，很有一种希腊的精神。虽然在那时候对于师说仍旧看得很重，这是 Aristotle 以前的雅典所没有的。Thomas Aquinas 的材料和思想，亦同 Plato 不同，但是他二人间一般知识上的因缘，很是显著。

十二世纪的末年，欧洲才有大学的建设。神学这一门，以 Peter Lombards[29] 的 *Sentences* 这部书作根据，为当时一种有条理的教科。自 Aristotle 的著作译为拉丁文复现以后，当时就用关于他的讲演稿来替代从前的"七艺"[30]。假使我们除了法律同医学，十三世纪欧洲知识界所研究的科目，就是两种：一是异常复杂的神学及其精微的分派；一是 Aristotle 的著作——伦理学、物理学、哲学、动物学及当时教士所懂得的关于天然现象的著作。这班学校哲学家将他们自己的观察同阿刺伯哲学家的观察合起来，当时阿刺伯人已经知道而且研究 Aristotle，就中最大的哲学家就是 Averroes[31]。但是阿刺伯人不如 Albertus Magnus[32] 同 Thomas Aquinas 等能够懂得真正的 Aristotle。因为阿刺伯的 Aristotle 的译本，不是从希腊文译出来的，乃是从 Syria 文译出来的。所以 Renan 对于 Averroes 的注释，曾经说过一句笑话：当西欧的大学研究一个希腊哲学家哲理的时候，费了数百年的工夫研究了一种拉丁文的译本、一种犹太的译本、一种阿刺伯人对于阿刺伯译本的注释同一种 Syria 的译本。即使假定 Aristotle 著作的拉丁文译本异常完备，但是十三世纪的哲学家，要想超过所有困难，去懂得纪元前四世纪的希腊哲学家，恐怕机会很少。所以 Aristotle 哲学的中兴，不但不能改正中古时代谬误的配景和供给知识进步的根据，而且反足增加了一个根本变更思想的障碍。崇拜师说的习惯，反因之增加，不因之减少；研究真理的精神，反因之灰心，不因之提起。

当十五世纪，希腊的思想再中兴于意大利。在西欧方面，自纪元后五百年以来，希腊文几乎消灭了，Beethius[33] 曾经将希腊的著作翻成拉丁文，使他们的知识传下来，但是仍旧没有结果，因为当时懂希腊文的罗兰人既然不见了，希腊的著作当然要消灭。当一三九六年 Chrysoloras[34] 在 Florence 地方教授希腊文以前，数百年间也有少数人提及希腊人的著作，但是他们只记得 Homer[35] 同 Plato 的名字，十二世纪的学者对于 Aeschylus[36] 或 Sophocles[37] 或 Herodotus[38] 同 Thucydides[39] 这班人，难得有知道的。在十五世纪的考古学家，尽力去搜集希腊文字的著作同拉丁文学家——Tacitus[40] 同 Lucretius[41]——的著作的遗迹，他们将希腊书翻成拉丁文，因此能够将希腊的著作流行于知识阶级中。

但是若说这种考古的兴味，就是普通所谓希腊精神中兴的标志，那就大错了。我们看了十五世纪时 Florence 卖书人 Vespasians 所编的书目，就知道当时读书的人实在没有鉴别的能力。Ficino[42] 曾经译过 Plato 的著作，是一个热心的新 Plato 派中人，至于在 Pico della Mirandola[43] 眼中看起来，犹太的 Cabbala[44] 这种学问，最足以增加无穷的知识。总而言之，十五世纪的 Plato 不能产出一种知识的革命，正同十三世纪的 Aristotle 一样。除了 Valla[45] 还有点受古学的影响，稍具批评的能力以外，所谓学问复兴，实在不能说它走近了一个批评的时代。十三世纪的时候，很难想有一个 Machiavelli[46] 或者一个 Erasmus[47]。但是十六世纪的初年，究竟有什么精微的变化，能够产出这种人，我们也难以断定，而且不能随便说因为有了学问复兴时代的考古学家，所以产出这种种变化。

新教徒脱离罗马的旧教，于思想变迁方面，并没有什么关系。我们往往因为新旧教徒力言新教旧教的不同，所以他们知识的一致——实在是十、九相同的——有逃去我们注意的趋向。最初的新教徒对于世界的观念，当然同旧教徒一样，也是赞成神父的见解；他们的历史配景，也是一样；就是他们对于人类原始的观念，《圣经》的——同它的标式、预言同神迹——观念、天堂地狱的观念，同天使魔鬼的观念，也没有不一样。所以当时的新教徒，同旧教徒一样，以为要想得救，一定要相信三位一体的神[48]，而且一定要反对理想的私语同科学进步所提出的革新。Luther 同 Melanchthon[49] 曾经根据《圣经》去反对 Copernicus[50]。Melanchthon 曾经很热心地校订 Ptolemy 的占星学。Luther 屡次竭力攻击理想这个东西，因为他曾自认在理想的面前，有许多基督教的理论要显出谬误来。Calvin[51]极力主张人类本来天生就没有道德的能力，定数的原理好像使所有的人力统成为麻木不仁了。

新教徒同旧教徒一样，也不懂得天然，他们同是魔鬼论同巫术的牺牲。所以宗教的改革，并不是原于科学的进步；它的成功，也并不是原于批评的精神。Gibbon[52]曾经说过，一种玄理——"变质原理"[53]——的失势，有"原来罪过"、"赎罪"、"信仰"、"天恩"同"定数"这类的原理来赔偿它，这几种原理是新教徒从 St. Paul 书札中提出来的。所以从知识方面看起来，当时的新教，还是中古时代宗教史的一个方面。

三

到了十六世纪后半期，哲学家 Montaigne[54]很能表示出一种真正希腊的文雅，可以使我们明了所谓学问复兴时代的缺点同失望。他虽然没有升到 Plato 的原理那样高，但是他竟能够完全脱去教条同师说，而且他的断语很有试验的同人道的精神。

到十七世纪初年，思想革命的开端很显著了，将我们带到希腊思想的范围以外去。当时有一个人，关于这种变迁说得特别明白。Bacon 在他的《学问之进步》同《论理学》(*Organon*) 两书里面，很尖利地讨论进步的障碍同征服这种障碍的方法。他对于科学发明的希望，同应用科学去改良人类的状况，比谁也看得透，或者至少比谁也说得有力。他将师说的性质解剖一下，并指出它的危险。他见得到用实验科学的研究，我们对于人类同世界的知识，有无限增加的可能。他在他那个理想共和国——新 Atlantis——里面，建设了一个科学院，给这个机关一个最重要的地位，并详细说明科学院内部的复杂设备。他以为知识是动的而且进步的。在他的著作里面，我们近世人类进步的观念，第一回明明白白地发现出来。虽然他自己将来对于天然科学，并没有什么大贡献，对于当时科学家——Galileo[55]、Harvey[56]等——的贡献，也并不赏识。他甚至于不肯赞成 Copernicus 太阳系的学说，而且有时也表示一种天真烂漫的崇拜师说的地方。但是所有这几点，愈可以证明我们意思无论怎样好，要骤然打破旧习惯，实在很是困难。

Descartes[57]反对崇古的习惯，比 Bacon 还要进一步。他以为假使我们适用他所定的那种研究真理的方法，我们的完全知识可以重新建设过。他的《方法论》那部书，根本上无异一篇脱离古代而独立的同反对中古心理态度的宣言书。他同 Bacon 同 Galileo 一样，胆敢用自己的国语来著最精深的书，这就是承认知识阶级，不能再以懂得拉丁文的人为限的。

Descartes 空心重新建设思想的计划，开一个哲学思想的新纪元，但是当他再去充满他的空心时候，他的观念仍然是旧的居多，这也是在我们意计中的。不知不觉地他找出一个新的借口之资，来恢复了大部分的旧思想。好像 Bacon 的研究真理方法，不能使他脱离旧日的谬误一样，Descartes 急于要证明上帝存在的时候，露出一种很强的守旧趋向。虽然如此，他同 Bacon 虽然不能将崇古的恶习完全铲除，但是已经把它打伤了。而且我们现在知识空前的进步，同关于人类同人类环境事实的空前增加，大部分不能不归于 Bacon 同 Descartes 两人所提倡的一种新的心理态度。

当十七世纪的时候，西欧方面有一种放胆的批评精神的复兴，这种精神，自罗马末年怀疑派消灭以后没有见过的。这种精神在关于宗教方面的事情上，尤其显著。Locke[58]那班人发达了一种信教自由的原理。神迹这样东西，变为一个极大的障碍物。Spinoza[59]想出一种较高的批评《旧约全书》的方法。Bayle[60]对于宗教英雄——如 David[61]、Augustine 辈——的著作，加以无情的研究，而且十九世纪没有终了的时候，《创世记》上前面那几篇文章变成 Blount[62]同 Burnet[63]二人训诂的材料。Herbert[64]在他的《古代缙绅的宗教》（*Ancient Religion of the Gentiles*）里面，曾经早早立下一个基础来研究比较的宗教，而且反对上帝要使大部分人类永入地狱的那个观念。Newton[65]证明地球上动律可以扩充到全部宇宙，这种学说的印象，比Copernicus学说的影响还要大，而十八世纪的自然神教家，始终是崇拜科学的。

近世天文、物理、植物、动物、数学等科学的根基，在十八世纪中叶以前都已造端了。当那时候，关于这种科学知识的程度同正确，已经大大超过古代希腊同罗马的人。从前根据《圣经》同古书的迷信巫术从此消灭了，而一种自由批评的精神同信仰实验科学和它的应用——这种东西永远增加进步观念的力量，永远减少崇拜古人的旧习——供给他日各种新事业必要的初步。

四

这篇十八世纪中叶以前思想史的大概，应该可以使我们断定现代思想的特点。现在就是最醉心于希腊思想的人，也不能不承认现代思想里面，同古代比较起来，含有许多新分子。如火车、缝纫机、打稻机、电话、电灯这类东西，都是古代所没有的，这是没有人再会提出疑问来的。但是有许多学问很好的人，仍旧以为我们现在的美术同文学，恐怕不见得能够驾于希腊人之上；恐怕所有各种知识的活动，已经被希腊人发明尽了；所有我们种种根本的科学发明，也差不多统被他们先知了；而且他们的知识生活的志向，虽不能比现代高，但是至少总能同现在的相等。

这种怀疑，我以为是一种不知道我们近世思想特点里面那种根本新点的结果。据我看来，现代思想的新特点至少有五。其中有二种我们上面已经提及了，第一，实验科学，为纯粹近世的出产品——就是用器械去细细观察天然现象，再加以试验去证实它们。希腊人没有望远镜、显微镜、寒暑表，也没有分光镜，他们的知识，最好不过是一种粗率观察的结果，而且有取师说形式的趋向。学校哲学派学者许要问，既然 Aristotle 曾经说过重体下垂比轻体快，我们还有去亲身观察的必要么？第二，我们近世的因新知识的发见同人类状况的改良而发生的进步观念，是希腊人同罗马人所没有的。

到了十九世纪又加了三种分子：

第三，我们不知不觉地生出一种尊重平民同赏识平民的意思，关心他们的安宁，愿意许他们去参政。这种东西合成普通所谓民主的精神。假使现在奴隶制度同佃奴制度还是存在，那么民主的精神断乎不能发生。就是因为这种赏识平民的意思，所以有近世社会科学的发达，而且将旧学问，如心理学同伦理学，社会化了。这种社会科学，是希腊人所梦想不到的。经济学发生于十八世纪，在十九世纪中，人类学、比较宗教的研究、社会学同社会心理学，才大大发达起来。

第四，我们专注这个社会观察点的趋向，受一种新动力的影响，大大地增加了，这就是工业革命同它的种种结果。所谓工业革命，当然是因机器同工厂制度发生的经济生产的同组织的方法根本变更的意思。骤然看起来，这种事体同思想的生活，好像相去很远。我们可以问，制造纺织的新方法，同做靴做鞋的好方法，为什么来影响我们对于世界的眼光呢？就是因为工业革命生出两种出于意外的最有兴味的近世思想的材料：一种是社会无穷变化的可能，一种是人类快乐的增进。Robert Owen[66] 曾经说过，我们因为有机器增加我们生产的能力，好像世界上大大地增加了许多不衣不食而作的工人一样。假使在一个人口二万的地方，近世的机器所制造的东西，可以等于从前二十万工人的工作，那么平均一个人的必需品同生活上的适意，有九个人去帮助他。前此工业革命这件事体，在普通人看起来，它的结果很失望的，因为有种种原因，我们此地不必细述，普通人所受的利益好像很小。虽然如此，因经济革命而产生的社会变化，实在是思想上最有兴味的一个问题。

而且还有一层，我们近世城市的发达原于工业革命，而城市的生活同知识的变迁，本来是很有关系的。所以我们有理由可以去假定我们对于城市兴趣的发展，一定要大有影响于我们的思想。同这种经济变化有关系的，就是世界商业的发达，同交通机关的异常灵便，使全球人类都生出一种竞争同合作的精神。恐怕不久全世界的人类都能读能写，而且因为交通机关便利的缘故，能够知道地球各部分的事情。这种奇异的状况，可以表示人类大同的无限可能。没有几年以前，在一次国际邮政会议里面，我记得曾经有人提议将信件的邮费，无论在地球上哪二点，一律减收美金二分。这件事埃及、美国同新西兰都很主张。这个提议同赞成的人，一面代表最古的文化，一面代表在地球那方面的最新的文化，应该可以使我们知道我们思想的范围断不能以希腊人的思想范围为限的。

第五，除了上面所说的各种趋向以外，还有一个近世进化的眼光。这个发见，叫做"进化学说"，主张所有一切东西统慢慢来的，而且一个东西是从另一个发生出来的。这个学说最有功于推翻欧洲上古同中古所通行的思想方法。杜威[67]教授曾经说过，Darwin 所定的书名"物种原始"这几个字，就是包括一种知识上的一般革命，去反抗旧日的假定，同一种新思想的调和。它的重要是前此所不知道的，希腊思想家对于世界的发达，虽然不是绝对的不知道，但是他们对于地球同人类的历史，知道很少，或者不知道。而且普通他们相信一定的东西——分明的同不变的东西——这种信仰，并得中古时代基督教思想家的赞助。既然"相信了有定的最后的东西"，那么"变化同来源，自然就当做一种欠缺的同不真的记号"。杜威还说："《物种原始》既然攻击绝对永久的那只大船，而且将固定的完全的形式，看做发生的而且变化的，所以思想的方法上开了一个新纪元，终究来变更知识的论理，同伦理、政治以及宗教的研究。至于 Plato 的'观念'、Aristotle 的'精理'、基督教的'创造'同'永久的真理'的信条，都因此一扫而空了。""人类的心理，故意地将不变的最后的超群的东西研究尽了，再去探险发生的变化的荒路。"现在人类的心理既然去冒这种新危险，它的兴味就从变化的精义方面，移到变化所贡献的同所打败的具体目的方面；从一种造作一成不变事物的知识，移到常常造作事物的知识；从一个最后的好球门方面，移到直接增进公平同快乐的方面——管理现状得法的时候，可以产生这种东西；现在的苟且同愚昧，可以破坏它们。

这种进化的思想方法，是近世动的时代难免的结果。即使古生物学家、植物学家、动物学家，不说明现在的动物、植物是从古代种类发达而来，希腊人同中古时代的哲学家的思想，总要被科学进步同工业革命推翻了的。植物学家、动物学家同古生物学家，供给我们一个很好的进化顺序的实例，但是即使没有这个，从前那种根据一定种类同精理的哲学，同依赖 Aristotle 的论理为一种求真理的好方法的哲学，自然宣告死刑了。有机进化学说的发现，实在是一种哲学革命的结晶，不是哲学革命的开始。

照上面所说的看起来，岂不是近世思想材料的丰富同正确，近来研究同解释这种材料的批评同历史的方法，反对不实不尽的哲理同阻碍进步的对偶，同利用知识去增进人类的幸福，都是近世超过希腊人的地方么？虽然 Alexandria 时代希腊哲学家从 Aristarchus 得了地球有公转同私转的道理，并从 Archimedes 同 Hero[68] 得了器械作用的说明，而且他们还知道 Epicurean 派所主张的人类渐进的学说，但是他们没有一个人能够知道这几种思想的重要。好像杜威说过，他们好像专门研究不变的最后的同超群的东西，所以他们的思想总有一个最后的止境。至于我们的思想，好像没有止境的。我们没有理由可以说我们所做的已超出最初步的发见，同最简陋的知识应用以外。我们思想的将来，看起来是无穷的，知识的势力，也好像不能计算的。

我们思想的范围比从前广得许多。我们知道真理这样东西，不但是相对的——这一点古代希腊有一派哲学已经看出来——而且这个相对的机关是以知识常常增加为条件的。Cicero 宣言没有一种眼光不被哲学家发见过，所以聪明的人应该承受当时最可以赞赏的意见。他这种怀疑主义固然很好，但是我们的地位实在并不如此。我们慎重考虑出来的意见，是根据人类的同人类环境的事实的，我们对于这种事实的知识常常增加，我们的意见当然非常常变化不可。我们对于希腊人所看出来的事物本来关系之外，还要加上一层动的关系。这种关系，是科学知识进步的结果。科学进步，必要使我们所有的断语变为临时的了。

我们人类现在既然进到社会变化的境遇里面去，思想史好像应该占一个很紧要的地位，因为社会的变化一定要随以感情的变化，而且要受知识指导的决定。思想史这样东西，是一种消除成见同打破守旧的最有力的方法。它不但将现在问题兴起的方法说明了，使得我们明了我们的义务同责任，而且可以增加思想的自由，思想自由，进步才有根据。

【注释】

〔1〕古代希腊 Homer 时代神话中，谓 Sicily 有独眼巨怪一，名 Polyphemus。其眼后为勇士 Ulyses 所焚，遂盲目。

〔2〕德国大哲学家，一七二四年生，一八〇四年卒。著有《纯理批评》、《实理批评》、《判断批评》等书。

〔3〕见第二篇《历史的历史》注〔41〕。

〔4〕耶稣弟子，犹太种，罗马国民。传道最力。

〔5〕见第二篇《历史的历史》注〔23〕。

〔6〕意大利哲学家，一二二六年生，一二七四年卒。著有 Summa Theologiae。

〔7〕美国教士，一七〇三年生，一七五八年卒。著有《意志自由》一书。

〔8〕见第二篇《历史的历史》注〔54〕。

〔9〕见第二篇《历史的历史》注〔55〕。

〔10〕爱尔兰人，生于一八三八年。

〔11〕英人，生于一八三二年。

〔12〕见第二篇《历史的历史》注〔69〕。

〔13〕希腊哲学家，纪元前六一一年生，（纪元前）五四七年卒。其哲理以物质为根据。

〔14〕希腊哲学最初起源于小亚细亚西部 Ionia 地方，创之者为 Thales，此派天然哲学，因地为名，故云。

〔15〕希腊哲学之一派，为 Elia 地方 Xenophanes 所创，故名。

〔16〕此派起源于纪元前五世纪中叶。以研究人事及修辞为主，得势国中者凡百余年。

〔17〕罗马哲学家，纪元前一〇〇年生，（纪元前）四三年卒。

〔18〕Alexandria 期中之哲学家。为新 Plato 派之创始者。二〇七年生，二七〇年卒。

〔19〕此派为 Plotinus 所创。其学说系融合东方玄学与 Plato 学说而成。

〔20〕Alexandria 之几何学家，生于纪元前三〇〇年。著有《几何原质》。

〔21〕Alexandria 之天文家及地理家。纪元后二世纪时人。

〔22〕德国神学家，生于一八五一年。著有《信条史》七卷及《清修主义》诸书。

〔23〕为 Manichaean 教之始祖，波斯人，死于纪元后二七四年。其教义以善恶两主义竞争为主。

〔24〕希腊哲学家，生于纪元前四六〇年。创《原子说》。

〔25〕此派哲学为 Epicurus（纪元前三四一年生，〔纪元前〕二七〇年卒）所创，故名。以求乐为修德之目的。

〔26〕纪元前二世纪时之希腊天文家。始创地圆及地球公转私转之说。

〔27〕纪元前二世纪时之希腊天文家。始发见春分秋分之理。

〔28〕希腊数学家，纪元前二八七年生，（纪元前）二一二年卒。容积之理，即彼所发明。

〔29〕十二世纪时之意大利人。

〔30〕见第一篇《新史学》注〔50〕。

〔31〕西班牙之回教徒，阿剌伯人。精于物理及哲学。一一二六年生，一一九八年卒。

〔32〕德国学校哲学家，一一九〇年生，一二八〇年卒。

〔33〕罗马人，四七〇年生，五二四年卒。

〔34〕希腊人，生于君士坦丁堡，一四一五年卒。

〔35〕希腊第一古诗人，著有 Iliad 及 Odyssey 二史诗，极有名。

〔36〕希腊悲剧之始祖，纪元前五二五年生，（纪元前）四五六年卒。

〔37〕希腊悲剧家，纪元前四九六年生，（纪元前）四〇五年卒。

〔38〕见第一篇《新史学》注〔8〕。

〔39〕见第二篇《历史的历史》注〔3〕。

〔40〕见第二篇《历史的历史》注〔10〕。

〔41〕罗马诗人，纪元前九五年生，（纪元前）五一年卒。

〔42〕一四三三年生于意大利 Florence 地方，Plato 学派中人，其学说合 Plato 与基督教义而为一。一四九九年卒。

〔43〕意大利人，学校哲学者，一四六三年生，一四九四年卒。

〔44〕犹太教中之玄学，用以解释经典中之玄意者。

〔45〕意大利学者，一四〇五年生，一四五七年卒。

〔46〕见第一篇《新史学》注〔9〕。

〔47〕见第一篇《新史学》注〔42〕。

〔48〕即父、子、神三而一、一而三之理。

〔49〕新教改革家，生于莱茵河之 Palatinate 伯国。与 Luther 交好。《Augsburg 信条》即其手笔。

〔50〕波兰天文家，始创太阳系原理。一四七三年生，一五四三年卒。

〔51〕法国之新教改革家，为长老会派之创始者。一五〇九年生，一五六四年卒。

〔52〕见第二篇《历史的历史》注〔16〕。

〔53〕见第一篇《新史学》注〔5〕。

〔54〕法国人，一五三三年生，一五九二年卒。著有观察人类之论文。

〔55〕意大利之数学家、物理学家兼天文家，一五六四年生，一六四二年卒。

〔56〕英国名医，发明血液循环之理。一五七八年生，一六五七年卒。

〔57〕法国大哲学家，一五九六年生，一六五〇年卒，著有《方法论》、《静思录》诸书。

〔58〕英国人，一六三二年生，一七〇四年卒。著有《论信教自由书》、《人类智识论》、《政治论》、《教育论》诸书。

〔59〕荷兰人，一六三二年生，一六七七年卒，名哲学家。著有《伦理学》。

〔60〕法国怀疑派哲学家，一六四七年生，一七〇六年卒。著有《历史的与批评的字典》。

〔61〕纪元前十一世纪时之以色列王。相传为著作《旧约全书·赞美诗》之人。

〔62〕英国人，一六五四年生，一六九三年卒。

〔63〕苏格兰人，一六四三年生，一七一五年卒。

〔64〕英国人，一五八一年生，一六四八年卒。

〔65〕见第二篇《历史的历史》注〔67〕。

〔66〕英国之社会改革家，一七七一年生，一八五八年卒。著有《社会之新眼光》、《新道德世界》诸书。

〔67〕即民国八年来华讲演二年之美国哲学家。

〔68〕数学家，纪元后二世纪上半期生于 Alexandria。以试验凝结空气著名，并预告蒸气压力之理。

五、普通人应读的历史

一

　　假使有人问历史家，近世最新奇的最有关系的发现是什么？他可以回答说，近世最新奇的最有关系的发现，就是我们对于普通人同普通事物的重要，有一种觉悟同兴味。我们的民主精神，同所有他的希望同志向，就是以尊重普通人为根据；我们的科学，同所有他的事业同希望，就是以尊重普通事物为根据。这几句话的真确，此地不能去说明，而且亦可以不必再加以说明。因为我们都承认这个真理了。我们现在应该研究的，就是对于那一班青年男女，将来要做工自给的，应该用什么方法去教育他们。但是教育这件事，自古以来就不十分注意做普通事的普通人。因为从前以为受教育的人，一定都是有余暇的，而且不必自营生活的。

　　这种观念可以追溯到希腊人，他们以为教育这样东西，应该是"高尚的"，而且应该根据"高尚的文艺"。所谓"高尚的文艺"，就是对于那班有奴仆侍候的而且有余暇的人而设的那种学问同训练。假使一种特别的研究，带有实用的臭味，它就失去它的"高尚"性质了：

因为这种特别研究，只有奴隶配去做。这种教育的观念，事实上很不容易排除，因为自从 Aristotle 以来，我们并不十分觉得社会上有什么变化。希腊人没有同我们一样的民主精神，也没有同我们所懂得的一样的天然科学和天然科学在生活上的应用。如今奴隶制度已经消灭了，奴隶的旧日职务，已经经过了一种革命了，已经如此的复杂了，而且已经可以用科学发现的进步去发展它了，所以近世的工业同古代简单的手艺，大不相同了。现在的工业，异常有兴味而且有价值，我们没有权利，可以同希腊人一样，将工业放在教育范围以外。我们没有理由可以继续保存成见，去反对有实用的科学。切不可再被"高尚"观念所束缚，好像是同"有用的"应该分开的样子。现在时候到了，我们应该放胆的，一点没有含蓄的，将我们的教育立刻同现在大多数学生的生活同将来的义务，尽力地联络起来。

我有这种见解存在我的心中，我想说明历史在将来从事工作的儿童教育上的地位。当我最初教授历史的时候，我不能不承认我实在不十分明白历史的功用。这是大部分因为当时我没有十分明了人类过去对于我们的意义。后来我慢慢地觉得我们的知识同思想，完全是依赖过去的，而且唯有过去可以解释我们自己的现状同事业。历史是我们对于过去的知识。我们参考历史，好像我们参考自己个人行为同经验的记忆一样。不过我们所记得的过去东西，常常同我们的态度同成见同时变化的。我们往往变动我们的记忆，来适合我们的需要同志向。而且往往利用它来明了我们现在的问题。历史也是如此，不是一成不变的，实在是常常变化的，各时代各有权利去从人类历史里面选出同当时有关系的事实。所以 Maeterlinck[1] 曾经说过，假使我们的识见常常增加，"那么看起来好像刻在石或铜上的历史事实，一定要有一种完全不同的现象，一定可以复活转来而且跳入活动里面去，供给我们一种较大的而且较有胆量的意见"。

这一点是很要紧的，而且我希望读者特别注意的。因为现在普通所谓历史教科书，适用的很少，所以工业学校里面应该用一种什么历史，我实在没有主张。关于历史这一科，我们没有同算学一样的一种明定的纲要。虽然普通历史家编订历史教科书的时候，以为他们已经将各种最重要的事实都包括在内，好像化学家或地质学家编他们那种天然科学教科书一样。但是历史是很特别的，因为历史所研究的是异常复杂的东西，不像化学一样有一定的现象。我们有许多所谓历史的名著，往往专门叙述君主同教皇、朝贵同政客、争领土同王位的战争、君主同国会所规定的法律。但是这种事实，实在是历史的一个很小部分。因为历史家可以描写一个罗马人的别墅，或者一个简陋的蒸汽机，或者比较 St. Thomas Aquinas[2] 同 Luther[3] 的神学原理，或者他可以追述 Goth 式建筑[4] 的来源，或者埃及日历[5] 的来源，或者描写 Henry 第八嬖昵 Anne Boleyn[6] 的情形，或者说明 Bismarck[7] 对于社会党人的态度，或者说明新石器时代的拳斧。上面所举的几件事，已经可以证明人类利害同事业的广大同复杂。有几种是包括在我们教科书里面的，有几种是不包括在里面的。

我们要问：过去的事实既然如此的丰富，现在我们有什么担保可以说普通历史家已经将人类经验中最重要的最有关系的事件，提纲挈领叙述下来，以备教授儿童之用？我以为我们到如今还没有这种担保。从前 Voltaire[8] 说过，历史这样东西，不过是一种大家同意的故事——Une fable convenue。他这句话是对的，因为所有编辑历史教科书的人，当他选择历史事实的时候，往往不知不觉地以从前教师同大家所希望的那种陈旧的历史教科书为标准。

一直到了近来，历史的线索还是政治的。差不多无论什么东西，都归在君主的朝代下面，政治上的政策同战争这类东西，就是他们最喜欢讨论的题目。这种旧习惯实在已经很久了，从希腊罗马以来，如 Thucydides[9]、Polybius[10]、Livy[11]、Tacitus[12] 这班人，就是如此。政治史是一种最容易编述的历史，因为政治史所叙述的不是状况，实在是事实，所以根据时间排列起来，异常的容易。且当读者看君主同王公比现在还要威武，或者当读者看战争是一种贵族娱乐的时候，政治史当然是格外重要。有许多主张注重政治史的人，以为这种历史可以做武人政客的指导，以为他们读了历史，可以知道怎样统兵去打胜仗，或者怎样在内忧外患风浪上面去驶那只国船。

但是现在我们的利害，是继续的变化的，所以我们希望过去来回答的问题，也不能不常常变化了。我们近来有许多历史教科书，胆敢删去了许多沿用无当的事实，而且想将它们的记载同现在的需要联络起来。但是我以为这种推陈出新的方法，还可以再进一步。我们最好的教科书里面，仍旧包括许多不值得使儿童注意的事实，忽略了许多最值得叙述的事实。

我再说明一下：假使有一种很高明的人，因为大受现在各种问题的感动——例如 Maeterlinck 一样——没有去看现在各种大小历史的标准著作，要想将人类的过去研究一下；假使他忽然被人引入真正的历史材料里面去，明白了所有人类过去思想同活动的遗迹，不但包括书上的记载，而且包括建筑物、图画、衣服、器具同装饰品；假使他着手去编一部教科书，要将最有兴趣的而且很有关系的事实记载下来，备将来服务社会的儿童之用：你想他还会包括 Aegospotami 战争[13]、Samnite 战争[14]、罗马人围攻 Numantia[15]、Nero 的罪恶[16]、Frederick Barbarossa 的侵入意大利[17]、Henry 第八的六位王后[18]、三十年战争[19]种种事实么？恐怕他想一想数千年来人类的事业、思想、困难同希望，这些事实——普通我们教科书里面所包括的——断不会包括在内。

假使作历史的人，不专门注重战争、围困同君主的行动；假使他不想教读者去做好武人同政客；他恐怕一定要用政治以外的事情来作线索。他可以说人类对于世界的知识、人类的义务观念、人类的工艺、人类建筑的性质同样式，实在比人类所定的法律同他们的战争还要有意思。所以要讨论工业教育里面的历史地位，我说过我断不主张适用什么普通所谓历史的大纲。我的意思：我们应该将普通所谓历史暂时放弃了，将这个全部问题重新研究一下。

我们先要问问我们自己，当我们想到工业学校里面儿童的需要、能力、兴趣同将来的境遇，究竟什么一种最重要的过去事实，应该教他们知道，使他们将来有一种有意识的、有能力的而且快乐的生活同工作？要好好地回答这个问题，我们第一先要确定学生的地位，同工业教育的要求是什么。第二，我想说明工业学生应该知道的、应该记得的，而且我以为最可以增加他们知识的那种过去事实。

二

工业教育这样东西，当然是一种专门教育。它的最近的目的，无非预备十三岁到十六岁的儿童将来成为一种很有用的工人。关于这种专门教育，我们此地可以不去研究它。但是工业教育的目的，不是专门造就一种有用的工人，可以满足工头的意思，可以比没有训练的工人获得较高的工资同较快的升职。现在工业这个阶级，实在很大，社会方面显然应该注意补充这个阶级的人。这班将来的工人，应该知道他们对于世界工作上，部分虽微，却很重要；应该明白他们地位的将来，即应该以希望的光明，去看他们的地位。

现在我们知道近世工厂里面的状况，离快乐很远。他们往往在肉体上同心理上很忧郁的。好像所谓工业，就是时时刻刻、一日一日同一年一年的，在声音嘈杂污秽不洁的地方，做一种同样简单的工作。Wyckoff 曾经说过，工人虽然在那里做一种特别的工作，但是始终不知道他们的工作究竟是什么，结果他们"对于工作的进步，不能生出'与有荣焉'的思想；对于本身的利害，绝不能生出关系来。他们没有责任的快乐，没有成功的思想，只有一种干燥无味的苦工，专望着放汽散工同领取工资两件事"。假使他这句话是对的，那么我们怎样希望工人觉悟他们的工作，有社会的同工业的价值呢？又怎样希望他们明了他们的责任同设法改良他们自己的状况呢？这就是组织工业学校的人应该好好去对付的问题。

现在我以为他们要想解除工业上的流弊，他们不能不求援于历史——不过我所谓历史，并不是普通教科书里面所谓历史，而是那种可以说明我们工业的生活同重要的过去人类的经验！唯有历史可以说明工人所服事的那种机器的存在。机器这种东西，是人类发明的链条最后一个环，不知道自从人类发见火石以后，已经经过几千几万年的工业进步。那几块火石是人类最古的器具，而且或者就是人类机械发明同社会进步的开始。工人可以从历史里面知道现在分工的事情是怎样来的；他会知道分工的制度同社会的关系；他会知道何以现在的制造品做得如此之快、卖得如此之贱、产得如此之多。假使他们知道了这几点，当他们年长的时候，就能想法子去改良自己同工人的地位，不至于减少工业的出产，调和经济的实效同工人的安宁——这本是工业生活里面一个重要的问题。

试举一例，局外人以为分工制度发生以后，工业的手续已经异常简单，何以没有一种相对的趋向使工人对于制造品的出产，能够有种种贡献，这岂不是笨拙而且不祥么？干燥无味的工作，可用相当交替或交换的法子慢慢地去救济，使工人的体力同心力有使用的新机会。现在工业上很有几种流弊，假使工人很有知识、很有同情而且很是机警，这种流弊很容易同力合作地除去了，不至于生出经济上的重大损失。

历史这种东西，不但可以使工人得一个社会进步同将来的观念，而且可以供给一种知识的背景，这几种知识可以在工人的环境里面利用起来，而且可以养成同激起他的思想，使他扩充到工厂以外去。我以为我们只能将人类发达里面最重要的事业叙述下来，这种事业可以激起青年男女的注意，而且可以使他们得一种对于生活的见解。我们可以先说世界上能够工作的，并不只是人类。人类假使没有器械，恐怕就敌不过蜘蛛同蜜蜂或黄蜂。有几种鸟类能够造很复杂的巢。至于我们人类的祖先，照现在人类最近的亲眷看起来，只能造一种树枝的平台。当我们人类刚用后腿走路前腿当手的时候，他的脑力才经过种种变化，使他们的脑筋超过像人猿的。当这种变化进行的时候，人类文化的发达上，有两种极有力量的原动力——语言同器械的发明。

最初的人类，是一个比黄蜂还要粗笨还要无能的工人，但是他有一种长处，就是假使他很聪明，他不但常常能做他祖先没有做过的事，而且能够将他们的事业遗传到他们的子孙。黄蜂工作的能力怎样发达起来，我们不知道，但是它到如今始终一样——同人类的文化不同，既不进步，又不退化，这就是因为这一代的黄蜂，可以不经前代的教训。假使现在有一个婴孩，绝对地不使他受教育，不使他模仿他周围的人，他的文明恐怕比狒狒高不了多少。总而言之，我们的事业差不多完全由过去传下来的，不是先天生成的。文化的积聚，同用广义的教育去遗传，是人类最大的特点，也是人类最大的义务。我们发达的大部分，我们所受前代遗传的大部分，同我们所用的器具，很有密切的关系。我们可以根据人类的器具，追溯数千万年人类的历史。实在说起来，最古人类只有几块火石遗传下来，法国人类学家，曾经根据器具的种类同精粗，将旧石器时代[20]的人类，分出许多时代来。照这样看起来，人类的历史，就从人类的工业开始。就是在现在，广义工业的发达不发达，恐怕还可以作一个试验文明程度高低的标准，同研究文明变化的导线。

　　大约当七千年或一万年以前，欧洲最后冰层退去[21]之后，就有所谓新石器时代[22]的文化发现出来，有种种圆滑的石器、陶器、农业同家畜。这一个时代，当金属未曾应用以前，好像新旧两世界都经过的，这个时代是在埃及同巴比伦文化还没有发达以前。四百年前欧洲人所看见的美洲土人的状况，还是如此：即使现在世界的各部分，也很有仍旧在这种状况中的。要同儿童说明人类中间那一部文明，应该没有什么困难——这个文明，从猿猴的眼光看起来，如此复杂；从希腊、罗马人的眼光看起来，如此简单。

　　最近关于埃及文化的发现，可以证明纪元前四千年以前人类的文化，已经有一个超出新石器时代之上的进步。当时已经有一种快而且美的文字发达起来，开始用铜作器皿的材料，而且使它坚固的时候，可以为制造器械之用。古代埃及人，看起来好像是很勤工而且实在的人，对于商业尤为注意，所以留下来的图画里面，往往有个司账的人。埃及的美术，同当时的环境同工业有一种密切的关系。Breasted[23]曾经说过："埃及人的匙柄刻有荷花，他们的酒斟在荷花式的深蓝色杯里；他们卧床的四柱，象牙刻成牛腿；他们住宅的天花板，刻有星辰，架在形像棕树的柱上，柱的上端冠以低垂的树枝"。

至于希腊人的制造业，也很容易可以使它同他们的美术同生活的观念联络起来，可以明白希腊人的性质，比较普通偏重政治史的教科书里面所说明的，显著得多。我们现在仍旧有许多希腊时代留下来的可爱的花瓶、酒杯、大盘、手镯、耳环同镜子。我们看了，很可以得一种希腊器具同他们的神庙和舞台的观念。

希腊人虽然空前地异常注意于美的东西，但是一班有余暇的人对于手工却是异常地藐视。这也是自然而然的，因为当时所有工业差不多完全归奴隶去做。奴隶阶级，常常有俘虏来补充，而且人数很多，足够制造所有的商品。Aristotle 在他的那本有名的《政治学》（Politics）里面说，奴隶制度是合于天理的，因为世界之上，常常有一大部分人，除了做奴隶之外，是毫无用处的。不过他说有许多人应该自由的，往往因为运气不好，所以变做奴隶；有许多人天生就是奴隶。高尚科学的目的，并不在于效用，他们的尊严，就是为此。唯有不用手专有暇用心的人，才可以研究高尚的科学。Seneca[24]竭力反对各种有用的艺术是有天才的人所发明的那个观念。他说它们是最下流的人粗野的计划，而且应该给奴隶去做的。而且 Aristotle 在他的《哲理》（Metaphysics）里面所说的，好像所有可能的而且有用的艺术，都早已发明了。所以在古代希腊的时候，一方面有哲学家的意见，一方面有奴隶制度的存在，合起来破坏工业这样东西。所以有人用他的手同脑去做有用的东西的时候，就要被人家藐视；愈是不做有用的东西，他愈有升到人同哲学家的高尚地位的希望。

罗马人的工业是从希腊传下来的，后来又传到中古欧洲去，稍稍根据当时风尚的变更同生活习惯的变化，有了少许变迁。到了十二世纪的时候，城市发达了，各业公所也就因此发达起来。各种职业的工头，在公事里面也慢慢地占一个重要的而且尊贵的地位了。而且普通一班做手艺的人已经不是奴隶或佃奴了。所以希腊罗马以来，对于手艺方面那种轻视的态度，于五六百年以前在西欧一带已经消灭了。这种工业的中兴，反照到当时的一种以职业为姓氏那种习惯上。当时人对于下面这种姓氏已经不觉得耻辱了，如裁缝匠（Tailor）、辘轳匠（Turner）、织工（Weaver）、五金匠（Smith）、研布匠（Fuller）、桶匠（Cooper）、酿酒匠（Brewster）、箍匠（Hooper）、烛匠（Candler）、弓矢匠（Fletcher）、陶器匠（Potter）、制角匠（Horner）、硝皮匠（Currier）。

自十三世纪以后，大家才知道工业这种东西可用新的方法去改革它的。例如熔铁的方法发明以后，铁可以铸了，不必像从前那样非打不可。炼金丹的人，当他想找出一颗金丹来，能将黄铜变成黄金，或者黑铅变成白银，可以使我们长生不老的时候，忽然发现了一种意外的物质，因此就奠下近世应用化学的根基。但是在十八世纪以前，工业上并没有很大的变化。当 Louis 十五[25] 时代，发明家虽然很多，但是西欧方面的人对于纺纱同织布，还是适用旧日简陋的方法。货物的运输，还是全靠很迟缓的笨车，从伦敦到罗马的书信，费时之多还是同 Constantine[26] 时代一样。

但是在当时有思想的人脑筋里面，已经有两种真理发现出来：一种就是微贱的、普通的、不特出的周围事物的重要；另一种就是我们可以利用我们对于普通事物的知识，去增进人类的幸福。上古同中古的思想家对于物质的世界始终没有注意。他们远远地离开自然界，如Bacon 所说，"专在他们自己的理想同谬见里面翻来覆去"。他们不在那个周围普通大世界里面求真理，专在他们的小头脑里面求真理。当一班有学识的人从研究真、美、善同三位一体原理里面三位的关系方面，转向去研究牛乳怎样在热的气候里面容易变酸，或者研究何以从玻璃杯中看过去的东西特别加大，他们的心理态度，就已经从旧的过渡到新的方面了。

当十七世纪以前，欧洲方面并没有用我们近世的研究精神，去做细密的观察、实验同计算。从十七世纪以后，知识增加的进步，同利用知识去增进人类幸福的进步，实在是历史上所没有见过的。近世的发明同它影响我们的生活和进步观念的地方，我们此地不能详细叙述它。但是这种历史的兴味同重要，比较从前所谓正宗的历史，专门记载君主、武功、条约、国会的讨论同议案强得许多。

还有一层，假使我们将这种事实明明白白表示出来，那么关于蒸汽机的事业，一定可以激起儿童的兴味。这种机器改变人类方向的力量，比自古以来所有君主同国会的命令还要大。当一七○四年的时候，英国人 Newcomen[27] 发明了一种很粗笨的、迟缓的、无用的、无望的蒸汽机，后来变成世界史上一个最大的革命的力量。他所发明的抽水蒸汽机，能够限制矿中的水，使它不能为采取煤铁的障碍。用了铁才可以造新机器，有了煤才可以运动新机器。既然有了煤铁同蒸汽，所以无论新的或旧的出产品，都大大地增加；而且既然有了煤铁同蒸汽，各种物品都可以运输到世界各部去。设有机器的工厂林立了，工厂周围的城市发达了。所以人类的器械还魂了，仍旧变作人类进步的标志，而且近一百五十年来的变化，比较五千年来的变化还要大。有了一根木棍同一块火石，所以人类开始了一种知识的发达；有了蒸汽机，所以人类的活动、利益同社会及道德问题，开始扩充起来，不知何日才达止境。

我们很知道工业革命，虽然能够将全世界联络起来，而且因为交通灵便的缘故，使我们可以接近世界的全部，使我们的生活格外快乐，使我们的知识格外增加，但是工厂里面工人的地位，恐怕比希腊罗马的奴隶还要可怜。不过我们不能逾分地希望西欧一方面产出一种物质状况上的空前变化，一方面又要免除了所有因变化而生的流弊。长时间的工作，去做干燥无味的工，同去重复因分工而来的步骤，再加以微少的而且不稳的工资，同种种连带而来的恶状况，合成现代工业损益表上负债的项目。

但是有一种相当的赔偿，使我们有迅速改良的希望。我们现在已经有一种社会公平的观念，经济的同社会的政策的觉悟，同平民教育的热心。中古时代那种没有思想的慈善事业，到现在已经变为一种有组织的社会事业，这种事业是由人类的同情同科学的研究合起来产生的、养成的。假使因机器发明之后产出一种奴隶制度来，那么机器发明也能产出一种消毒品。因为有机器的发明，人类的贫苦——指饥寒而论——很有完全废除的希望。因为现在人类有足够的力量可以使用，如蒸汽、电气这类东西，如此的多，都可以供给人类生活上的需要。假使适当地分配起来，差不多没有一个人会有物质上的缺少。还有更重要的一件事情，就是同工业革命同时所产出的尊重劳工的心思，这是 Aristotle 所不明白的。Tolstoi[28]这班人不想有脱离工作的一种完全无缺的生活，反想将劳工同余暇合成一种快乐的理想上的生活。一种生产的手工，在适当的状况里面，有意识地去做它，而且工作的期限适合于工人的力量同其他生活上的责任。对于身体、心理同性情上，一定可以产出最好的结果。我们虽然没有达到这个快乐的地步，至少我们再不会藐视劳工，我们也不以为劳工是耻辱的事体。

我们现在再研究所有这种种同工业教育的关系，工业教育本来就是长期历史进程的最后出产品。照我看起来，我们上面所述的那种事实，就是我们急要使工业学生知道的事实，可以使他们得一种心理态度。这种态度，不但可以使他们成为最好的工人，而且可以使他们觉悟他们工作的价值，使他们协力帮助革除工业上的流弊。怎么样能够将上面所述的那种历史的研究，很容易地、很永久地而且很自然地印入学生脑筋中去？这种研究，不但可以应付受工业教育者的需要，而且可以贡献最好的唯一的方法去扩充眼光、道德的同知识的配景，同对于进步的热心，这种热心一定要明白现在同过去的关系才能发生。

【注释】

〔1〕比利时之文学家，一八六四年生。

〔2〕见第四篇《思想史的回顾》注〔6〕。

〔3〕见第二篇《历史的历史》注〔28〕。

〔4〕此种建筑式，始于十二世纪时。以巨窗代旧日高大黑暗之墙，上有圈穹而围以扶壁。故窗虽大，顶虽圆，而无倾圮之险。

〔5〕埃及最初与东方诸国同，亦适用阴历。自纪元前四二四一年后，始改为阳历，分每年为三百六十五日。唯闰年之理，则尚未发见耳。至 Ptolemy 王朝时

代方有每四年加一日而成闰之法。自纪元前一世纪罗马名将 Cæsar 引用埃及日历后，昔日希腊罗马之阴历遂废。

〔6〕后幼时曾游于法国宫中，归英国充 Henry 第八宫中之女官，遂与王通而为后，卒因奸被杀而死。

〔7〕为手创德意志帝国之名相。对于社会主义，素所不喜，故压抑社会党人甚力。然独善国家社会主义，故一切措施，多近保育政策云。

〔8〕见第二篇《历史的历史》注〔17〕。

〔9〕见第二篇《历史的历史》注〔3〕。

〔10〕见第二篇《历史的历史》注〔5〕。

〔11〕见第二篇《历史的历史》注〔9〕。

〔12〕见第二篇《历史的历史》注〔10〕。

〔13〕为南希腊战争中最后之一海战。纪元前四〇五年，雅典海军为斯巴达将 Lysander 袭击，覆没于此。

〔14〕罗马人与 Samnite 种人战争凡三次：第一次在纪元前三四三年至（纪元前）三四一年间，战事无考；第二次在纪元前三二六年至（纪元前）三〇四年间，罗马人大胜；第三次在二九八年至二九〇年间，罗马人又获大胜。自是 Samnite 种人无能再为罗马患。

〔15〕古代西班牙半岛上之重镇，罗马人于纪元前一三三年攻而陷之，毁其城，西班牙半岛遂入附罗马。

〔16〕见第二篇《历史的历史》注〔37〕。

〔17〕中古德国皇帝。南征意大利者凡二次：第一次在一一五四年至一一五五年间，目的在援助罗马教皇；第二次在一一五八年，北部意大利诸城无不慑服。至一一七六年乃为北部意大利诸城所组织之 Lombard 同盟所败。

〔18〕英王 Henry 第八前后凡六娶。一五〇九年，娶 Aragon 之 Catherine，生公主 Mary 嫁西班牙王 Philip 第二。英王于一五三三年与后离婚，再娶 Anne Boleyn，即女王 Elisabeth 之生母。于一五三六年因奸被杀而死。是年英王再娶 Jane Saymonur，为英王 Edward 第六之生母。一五三七年卒。至一五四〇年，英王又娶 Cleves 之 Anne，不数月即离婚。是年再娶 Catherine Howard，阅三年而被杀。一五四三年娶 Catherine Parr，后英王而死。

〔19〕自一六一八年至一六四八年，为西欧宗教战争。

〔20〕见第二篇《历史的历史》注〔56〕。

〔21〕最后冰层北退时，约在纪元前一五〇〇〇年时。

〔22〕此期约在纪元前一五〇〇〇年至（纪元前）五〇〇〇年。

〔23〕现任美国 Chicago 大学历史教授，对于埃及史研究极精。

〔24〕罗马哲学家，曾任皇帝 Nero 之师傅，服膺 Stoic 学派，纪元后六五年为 Nero 所杀。

〔25〕法王。一七一〇年生，一七七四年卒。

〔26〕见第二篇《历史的历史》注〔61〕。

〔27〕英国人，一六六三年生，一七二九年卒。一六九八年以前已发明一种蒸汽机。至一七一二年世人乃应用之为抽矿中水之用。

〔28〕俄国 Tula 地方人，一八二九年生，一九二〇年卒。为世界有名之小说家，社会改革家，兼宗教玄学家。其杰作为《战争与和平》及《薄命女》（*Anna Karenina*）二书。

六、"罗马的灭亡"

一

　　历史家对于历史的起讫，往往无从断定。为他自己同读者的便利起见，常将历史分为数期。既然选得起点同终点以后，就极力地将各期的界限说得很有理由。他本知道，假使他是一个近世历史家，尤其知道，他这种分期的方法，实在勉强得很。他普通承认这一点，但是他对于这一点，因为要辩护分期的办法，所以使他晦而不明了。这就是普通历史家的正当办法，他想将人类经验的继续同文学的明白叙述调和起来，而且他往往能够藏匿他对于历史真理的违犯。我们对于旧式的历史家，本来可以原谅他们，因为"历史的继续"这个观念，本来是一个近世的观念、一个十九世纪的出产品。从前历史家都以为英雄、剧战或上帝的干涉，常常骤然来打破人类事业的进程。这种观念，假使历史家专去注意特别的过去事实，一定可以维持下去的。但是一旦历史家要去注意人类利害范围的全部和永久的人类事业，不去注意偶然的同过渡的，他就会看出人类一般的变化一定迟缓的——很迟缓的。

关于这一点，前面已经说过，有两个原因。第一，就是所有高等文明，都是异常复杂的。假使我们想到五世纪、十世纪或十八世纪时候人类的各种利害，就知道一个人、一次战争或者一张条约，断不能立刻将当时宗教的、知识的、美术的、科学的、语言文字的、工业的、商业的、法律的、军事的、政治的思想同习惯变更了。一次战争或者一张条约，也许可以变更一个民族的君主；一种很厉害的疫病，也许可以影响他们的经济状况；但是在历史上看起来，始终没有一种骤然的变化，能够将大部分人类的习惯、风俗同制度，变更了的。

历史继续的第二个原质，就是惰性同思想的缺乏。这两种心理的特点，很可以说明为什么虽然在一个利害范围里面有一个骤然的变化，有许多旧的东西，仍旧遗传到新的里面去。最显著的例，就是法国虽然经过一次革命，但是许多十八世纪时法国政治的特点，还有存在于现在法国政治界的里面。

照上面几件事实看起来，我们对于习惯上一般历史著作里所承认的"时期"，不能不很怀疑。因为这种方法，虽然能够动我们先人的心，但到了现在，实在没有可以辩护的理由。

我们普通自小就养成这个观念，以为罗马灭亡之后，中古时代就开端了。经过一个长期的黑暗，有希腊罗马著作的发见，人类好像从冬蛰醒转来，这就是学问复兴时代，为引起近世精神觉悟的预备。继起的危机，就是激起大众注意的法国革命。我们普通所用的教科书，和专门学校的历史科目，还是根据这种分期的方法。

我以为有心的历史家，都知道这种分期方法的不完备；他很知道要断定中古时代起讫的困难。就是近世史起于何时，革命——我们好像还是在革命里面——起于何时，尤其难以断定。但是普通历史家往往不知道这种分期的坏结果。上面所指的那种"时期"，不但要得我们的批评，而且完全将过去的配景弄错了。

近世历史家慢慢地知道西欧全部历史里面的分界，以介于中古的初期同末期间那个分界为最明显。当十二世纪时，欧洲有一种知识兴味的复生，因此有大学的建设，有罗马法的中兴，有教会法的编订，

有神父神学的整理；此外还有城市生活的发达，商业的扩充，Goth
式建筑的开花，和最美的通俗文字的发达。

到了十三世纪的初期，欧洲知识界的注意，慢慢地集中于古代最
大的哲学家，他们的著作重新再传播于西欧学者的面前。所谓学问复
兴，实在不能同十二世纪及十三世纪的事业相比较。虽然当十四、十
五两世纪的时候，意大利诸城市发达了一种同昔日不同的有兴趣的文
化，和非常的美术。但是这种文化同美术的发达，反使我们看不出那
期对于一般的变化上贡献实在很少。照我们要建设历史继续原理的人
眼中看起来，学问复兴时代的文学家、哲学家，甚至美术家，都表示
出来一种非常的知识上守旧的精神。他们很少能够超出古代的迷信，
贡献很少的世界知识，而且常受新 Plato 派玄理的迷惑，如 Fici-
no[1]、Pico[2] 和 Reuchlin[3] 等，就是最显著的例。

上面曾经说过，我们可以读古人的著作，而我们的心理态度，不
一定就变成希腊的。我们可以说，假使我们对于中古时代的知识，同
对于我们自己时代的觉悟，常常增加，学问复兴这个时期，就慢慢地
失去它的界限。但是现在许多历史家，还用学问复兴时代这个名词，
好像它是一种光明的精神，浮在欧洲之上，来感动了这个著作家、那
个图画家同建筑家，留其余的人于中古黑暗的里面。

对于那一班要断定近世史开端的人，有三件事可以拿来作很好的
起点：第一，是一四五三年土耳其人陷落君士坦丁堡；第二，是一四
九二年新大陆的发见；第三，是一五一七年 Luther 张贴他那篇攻击
"赎罪券"的论文。但是这三件事实，实在并不重要。有人以为君士
坦丁堡陷落这件事，实逼希腊人将残余的希腊文化带到西欧去，教授
西欧的人以资糊口，因此古代学问的知识同文化就中兴了。这种话当
然是经不起我们的研究的。希腊学问的复兴，于君士坦丁堡没有陷落
以前五十年，在意大利方面已经进行了。当时 Aurispa 同 Filelto[4]
这班人已经带了许多希腊文稿来；意大利的考古学家已经在那里翻译
它们。虽然君士坦丁堡陷落以后，有少数希腊学者到西欧去，但是我
们看不出西欧方面考古精神的进程，因此就受了什么影响。所以从知

识、文学两点看起来，君士坦丁堡陷落这件事实，并不重要。

至于美洲的发见，我们要知道美洲并不是真正发见于一四九二年，因为 Columbus 死的时候，还以为他不过从水路达到印度罢了。就是一直到一六一○年 Henry Hudson[5] 还是希望要从 Hudson 河达到太平洋。我们普通看起来，好像一个新大陆的发见，一定要产出一种眼界的增广，但是这种发见的重要，在欧洲人心目中，觉悟得很慢。所以数十年间，它的影响难得看出来。

至于 Luther 的关于忏悔意义同内涵那篇学校哲学派的论文，更不能为世界史开一个新纪元。虽然此后十五年至二十年以内，北欧方面有几国脱离神圣罗马门徒教会，而且反对罗马教皇的霸权，张贴论文，不能说不是以 Luther 文章为这种状况的一个原动力，但是瑞士和英、法诸国国情上，并没有受什么直接的影响。

二

普通历史教科书同标准的历史著作里面的分界，最显著的莫过于罗马灭亡这件事实了。大家统希望罗马灭亡这件事，能够在西洋史上开一个新纪元。日耳曼民族侵入了罗马帝国，罗马帝国的国祚亦于四七六年断绝了。普通以为西罗马帝国的瓦解，为欧洲各种重要变化的开始，但是这种意见虽很自然，却很错误的。日耳曼民族侵入帝国，后来虽然产出许多重要的结果，但是这种结果的发生很迟缓的。实在说起来，在中古初年，欧洲方面并没有什么新奇的变化。失去的固然很多，但是增加的亦是很少。大部分中古时代的特点——如修道士、圣人同神迹、寓意的文学，同信条、神学、"七艺"[6]、罗马基督教会同它的特权及其与政府的关系——在四一○年 Alaric 攻陷罗马以前，已经很发达了。所以"罗马灭亡"这件事，最好亦不过一种外观甚美的分界，仔细研究一下，就要失去它那种重要的性质。这种性质，就是向来历史家给它的。下面所述的，就是纪元后五世纪时候的一种详细情形，可以说明我们普通历史分期的危险。

当三九八年 Theodosius 死时，罗马帝国还是统一的。国内有一种很复杂的官制负统治的责任。我们如今还有一张当时的职官表，叫做 Notitia Dignitatum 传下来。百年以后，帝国的西部已经在瓦解的状况里面。当时罗马帝国里面的大部分，已经有 Frank、Alemanni、Burgundy、西 Goth、东 Goth、Vandal[7]等族的国王统治了。

我们要说明罗马帝国瓦解的进程已经是不可能了。实在说起来，当时的变迁是如此的纷纠、如此的复杂、如此的迟缓，所以即使我们对于五世纪的事实，好像对于十九世纪一样异常明了，也不能将当时的革命，说得很清楚。就是因为这种革命，本来是不规则的，而且晦而不明的。但是我们对于当时最特出的、最惊人的公共事实，虽然很不明白；对于当时的状况，虽然也很模糊；却还有许多著作家如 Gibbon[8]和 Hodgkin[9]这班人，敢将当时许多人物同事情，详详细细地叙述出来。他们同其他著作家，竟敢将帝国"灭亡"二字的意思，加以许多解释。我有一个朋友，近来要娱乐他自己，曾经将各种历史教科书里面关于帝国灭亡的原因搜集起来，居然得了五十个。而这五十个理由，都是意度的东西。即使那几种普通所最承认的理由，如帝国人口的减少、日耳曼民族气力的强壮等，据 Fustel de Cou-langes[10]说，都是毫无根据的。

这篇文章的目的就是：第一，要把关于五世纪的史材性质，简单地研究一下；第二，要说明当时著作家所见的罗马帝国瓦解的外表程序。我对于三九五年罗马皇帝 Theodosius 两分帝国那件事。要特别说明一下；再说一说四一〇年 Alaric 攻陷罗马以前的事情；最后再将四七六年西罗马灭亡那件事，说明它究竟是怎么一回事。

三

第一，关于史材方面，最可信的当然是 Theodosius 搜集法律同

政府命令编成的《法典》同它的《补遗》——所谓 Novelloe 同 Jus-
tinian 的《法典》[11]。在这几种《法典》里面的命令，发于五世纪的
时候很不少，它们很可以说明罗马帝国的组织同它内部的弊端，并且
往往载有官吏的姓名，有时还说明事实。不幸这种命令都取一种华丽
的讲演稿的形式，所以我们要明白它们，不能不费一点工夫。

关于第五世纪的历史，当时没有很好的著作家，如皇帝 Julian 的
名将 Ammianus Marcellinus[12] 一样，能够将四世纪以前的事实记下
来。这部很好的历史，记到三七八年皇帝 Valens 败于 Adrianople 为
止。过了一百五十年的样子，才有一个好著作家 Procopius[13] 将 Jus-
tinian 攻击 Goth、Vandal 和波斯等民族的军事记载下来，他的著作，
至今尚存。在这两个人中间，我们知道有好几种历史的著作，但是完
全传下来的，大部分都是研究教会的东西。我们对于 Ammianus 以
后三十年的历史，不能不依赖 Zosimus[14]。他本是罗马帝国东部的
一个官吏（伯爵），他的著作好像是在五世纪的后半期着手的。他的
著作的最后一部分，已经失去了；所以 Alaric[15] 陷落罗马以前的事
情忽然中断了。他极力反对基督教徒，而且将当时种种的不幸，都归
咎于罗马人放弃旧日保护国家的神道那件事。

至于较好的希腊历史家，也有几篇残缺的历史著作遗传下来，最
著名的就是 Photius。他本是君士坦丁堡的一个主教，生在九世纪后
半期。他一生的困难很多，但能利用闲工夫将他自己的藏书，编出一
种简单的说明。所以我们现在至少还有一种当时著作的提纲，举一个
例：如 Olympiodorus[16] 所著的历史，是从 Theodosius 死后说起的，
这就是 Zosimus 历史的蓝本。另外有一个稗贩纲要的人，就是很有学
问的皇帝 Constantine Porphyrogenitus[17]，他曾经下令将所有最好
的历史著作，值得保存的，搜集起来。这种史材，分为五十三卷，这
部大书现在留下来的，已经很少，就中有两卷关于重要使臣往来的记
载是重要的。举一个例：关于五世纪一段最好的历史能够保存下
来——Priscus 叙述其拜访匈奴 Attila[18] 的一段记载——就是这个热
心学问的皇帝的功。还有一段，也是他保存下来的，就是六世纪的时

候 Malchus 所说的 Odovacar[19] 派使臣于四七六年到君士坦丁堡那件事。

关于教会的历史家，很有几个自中古以来到如今还是有名的。就中最著名的，就是 Orosius[20]。当他壮年时代，因为受了 Augustine[21] 的鼓励，著了一部世界通史，他的目的，就在攻击深信异端的民族。他说他的宗旨，无非是搜集过去历史上各种天灾人患——如战争、疫疠、饥馑、地震、水灾同其他种种大罪恶——条分缕析地来说明基督教没有传入欧洲以前，大家还是崇奉异端神道的时候，世界上并没有格外的快乐。他那部《七卷攻击异端史》，最后的十余页是叙述五世纪最初十八年的事情。他所说的事实，他以为人人都知道，他的唯一目的，都是证明怕上帝的人一定快乐，相信旧神的人就要遇着速亡。所以他的著作，虽没有多大价值，容易受他人严重的注意。现在专门主张宗教复兴的人，那种肤浅的动人的说法，亦可以同 Orosius 一样，来做一种可靠的材料了。

关于五世纪初期三十年间，我们有几个希腊教会历史家，就是 Socrates[22]、Sozomenus[23] 同 Theodoret[24]，他们最注意的，就是异端、僧侣、神迹这类东西，关于当时的事实，反倒不十分注意。实在说起来，关于当时的政治史，述得尤少。

在"中古编年史"里面，虽然编纂的人很喜欢给我们一种历代执政官的名单，而且有好几年没有记载，我们有时可以搜得几段很简单的记载。但是从 Prosper[25] 的著作里面，可以得一种提示，他生在五世纪，他的编年史编到四五四年。至于 Marcellinus 在 Justinian 时代所著的历史，同 Mommsen[26] 所搜集的《意大利编年史》残篇里面，也很可以得一种历史的资料。不过这一类的史材，异常模糊而且难读。

还有圣人的行传，偶然间提及当时的事实。Ennodius 约在五○五年的时候所作的 Pavia 主教 Epiphanius 传里面，就常提到 Ricimer[27]、Orestes[28]、Odovacar 这班人，同当时扰乱的状况，使我们可以稍得光明。当时的史料如此缺乏，所以研究历史的人不能不竭力去利用各种暗示，甚至不能不利用当时的诗人。至于作颂赞的人，尤其不能不注意。在六世纪初年，有个 Claudian[29] 曾经著了一篇六音步的颂扬 Stilicho[30] 的赞。但是他的论调，不但太偏，而且因为他这篇文章原来是一种韵文，所以不能将真正事实叙述出来。我们普通以为 Alaric 从蹂躏希腊归来以后，罗马政府曾经命他做一个罗马官吏，这句话，就是从 Claudian 的二行诗里得来的。

在五世纪后半期，有个很有名的历史家，名叫 Apollinaris Sidonius[31]。他前后赞美过好几个罗马皇帝，第一个就是他的岳父 Avitus。他所提及的事实，没有 Claudian 那样明白、那样可靠，而且没有那样简单、那样直爽。但是我们现在有许多 Sidonius 所著的信札，读了一遍，就可以知道五世纪后半期的法国虽然有 Burgundian 人、Gaul 人同 Frank 人，我们仍旧可以研究文学同在美丽庄严的别墅中避暑。除了他的信札以外，我们还有教皇 Leo[32] 同 Ennodius 这班人的书札保存着。

四

我们现在将罗马帝国分裂这件事研究一下。普通以为罗马帝国自从三九五年 Theodosius 死后，就分为两部分：东部传给他的大儿子 Arcadius，西部传给他的小儿子 Honorius。这个观念，印入普通读者的脑中如此的深，教科书里面复述这句话如此的普通，所以此地可以不必再去细述它。我从两种最通行的教科书里面，提出两段文章，并不是因为它们比别的还要错误，实在是因为它们最可以代表那个谬误的观念。

自 Theodosius 死后，其二子 Arcadius 与 Honorius 再分帝国为二。从此罗马帝国事实上永远分为东西二部；欧洲史上于是有东西二帝国之称。东帝国之国祚凡千余年，至于西帝国则不百年而亡矣。

另有一段文章，它的题目是用大字印的"帝国之最后分裂"。

  Theodosius 在位之日，为罗马帝国最后之统一时代；其在位之期自三九二年至三九五年为唯一之皇帝。临崩之际，将帝国分之于其二子：Arcadius 及 Honorius，长子年十八，得帝国之东部；次子年十一，统帝国之西部。是为罗马最后之分裂——此实大国分离趋向之结果。东西二帝国在历史上之分离，于是乎始。

上面所述的两段，就中最错误的有三点：罗马帝国并没有分裂过，始终是一个国家；Theodosius 并没有做过罗马唯一的皇帝；东西二帝国在历史上的分离，并不是从 Theodosius 起。当时人对于 Arcadius 同 Honorius 承继他父亲这件事，并没有什么奇怪，因为 Arcadius 当他父亲未死以前，已经做过十一年的皇帝；Honorius 也已经做过三年。在当时《法典》里面，我们还保存下许多命令，都是用父子的名义发出来。关于帝国分离这段事实，说的最详细的，恐怕要算 Orosius 所著的历史，他不过说："当罗马城建设后一千一百四十九年，皇帝 Arcadius 同他的儿子 Theodosius 第二治东，同他的弟皇帝 Honorius 始共治帝国，所不同的就是各有各人的都城。"Zosimus 说的话，还要来得明白："皇帝 Theodosius 既分意大利西班牙 Celtica 及 Lybia 给他的儿子 Honorius；自己向君士坦丁堡去，中途得病死了。"

Orosius 所说的当时状况异常正确，因为他根据当时的习惯，同 Theodosius 的《法典》、同 Justinian 的《法典》，来说明的。从一六一年 Marcus Aurelius[33] 命 Verus 来协同他统治帝国以后，直到 Diocletian[34] 为止，帝国的法律往往用两个或两个以上皇帝的名义颁发下来。自从 Diocletian 以后，数帝并治很普通了；帝国的命令，亦往往用二个、三个或四个皇帝的名义发下来了。

同时罗马帝国里面同时有两三个皇帝这件事，在我们现在看起来，好像是一种名词上的矛盾。但就罗马人的眼光看起来，并不如此。因为他们自古以来，就见惯两个行政官或保民官统治全国，他们的权力和地位，全是一样，不过责任上稍稍有点区别罢了。至于两个以上皇帝的关系，同从前那种行政官的关系一样，仍旧用不正式的方法去决定：就是儿子当然附属于父亲；青年无名的当然附属于年长有名的。

假使我们能够将 Ammianus Marcelinus 所说当时选举皇帝那件事实参考一下，我们就可以明白当时的状况。我们知道皇帝 Julian[35] 于三六三年在巴比伦阵亡了，继他的人 Jovian 被选之后，不久也死了。

因为有种种不幸的事情，使两个皇帝忽然在那短时间都死了，当时军队向皇帝 Jovian 尸体——预备送到君士坦丁堡去——举行敬礼以后，就向 Nicaea[36] 而进，同那地方帝国的文武官吏研究一种应付危局的方法。当时虽有人竭力运动，大家都以为非选一个很有名誉的而且有天才的来入承大统不可。

当时有一种谣言说：一部分人想提出 Scutarii 第一区的保民官 Equitius 来做皇帝，但是当时一班有势力的人不赞成，以为他太粗野；他们的意思很愿意举 Jovian 的族人 Januarinus 来做皇帝，他本是在 Illyricum[37] 地方做军需官。但是大家也反对他，因为他现在距离太远。于是大家一致地而且天命攸归地选举 Valentinian[38] 来继大统，因为他的资格很好，而且很近。他本来是 Scutarii 第二区的保民官，住在 Ancyra 地方，原定日后再来的。当时对于皇帝的选举，既然没有人反对，所以立刻派人去请他快来即位，中间有十天工夫，罗马实在没有皇帝。

Valentinian 到了之后，穿上帝服，戴上皇冠，大众欢呼皇帝。但是他想演说的时候，四围的兵士忽然大声疾呼，要求他立刻推举出第二个皇帝来。Valentinian 回答说："你们要选举一个同事，来同我共负皇帝的责任，本来有许多很好的理由，我当然没有疑问；而且我自己是一个庸碌无能的人，对于国家大计，我一人当然担当不了。……我希望运气来帮助我，可以访出一个很聪明的而且极和平的人。"

Valentinian 到了君士坦丁堡之后，也想到他自己所负皇帝的责任太大，所以决意不再延宕了。所以他得了大家赞同之后——实则没有人敢反对的——就带着他的弟 Valens（三六四年即位三七八年卒）到了城外附郭之地，宣布他是罗马的皇帝，代他穿了袍，加了冕，两人同坐车子回到城中去。然事实上他的弟好像他的奴隶一样。

在这个时候，罗马国内，战云密布，四边的蛮族都要侵犯他们最近的国境。Alemanni 蹂躏 Gaul[39] 同 Rhaetia[40] 的地方；同时 Sarmatae[41]、Quadi 骚扰 Pannonia[42] 地方；还有 Pict[43]、Saxon[44]、Scot 同 Attacotti，也常来攻击 Britain；此外 Austoriani 同 Moor[45] 等蛮族攻击非洲很厉害；并且还有 Goth 强盗常常劫掠 Thrace[46] 一带地方。

冬天过了，两个皇帝和衷共济的——一个是正式选出的，一个是形式上的同僚——经过 Thrace 到了 Nicaea，他们将军权分为二。此后再到了 Sermium 又将政权分而为二。Valentinian 前往 Milan[47]，至于 Valens 则回君士坦丁堡。

不久 Valentinian 正在 Gaul 从事战争的时候，忽然生病，当时就有人提出一个官吏名叫 Rustic Julianus 的来承继他做皇帝，但是同时又有主张拥戴一个步兵的军官 Severus。

但是这种计划都是没有目的的，因为同时 Valentinian 的病用了药以后，已经好了，而且他自己知道是死里求生，所以就想传位给他的儿子 Gratian[48]。因为儿子快成年了，于是就预备传位的事体，军队也购买好了。Gratian 到了之后，他父亲因为要想大家欢迎他，所以将他带到一个空旷地方，站在一个高台上面，四周围着一班贵族和官吏，牵着他儿子的手，演说一番，将儿子介绍于军队。

七年之后 Valentinian 就死了，当时详细讨论之后，议决请他那四岁的儿子——亦叫做 Valentinian 的——来继他做皇帝。这个小子当时同他的母亲 Justina 住在 Murocinta 镇，离都城有一百多里。当时各方面对于这个议决，一致地赞成，就派他的叔 Cercles 去请他即位。不久少年皇帝果然坐肩舆到都城来了。在他父亲死后第六天，他就宣布为新皇帝了。当时有许多人以为假使选举皇帝时不得他的同意，Gratian 一定要发怒的。不料后来他是聪明地而且和气地同新皇帝异常要好，而且很能好好地抚养他。

这几段文章，很可以说明当时选举皇帝同增加皇帝的方法实在很不正式。我们要注意的，就是要知道当时并没有将帝国分裂为二的举动。皇帝虽然不止一个，但是他们所关心的，还是一个统一帝国的公共安宁。

Theodosius 同他两个儿子统治帝国的时候，情形就是如此。并没有人想分裂帝国。国都虽然自从 Constantine 建设新罗马以来，有了两个，但国家只有一个。虽然有两个上议院、两个组织完备的皇宫，且罗马帝国虽然有许多皇帝，始终是个单一的国家。凡有新选的皇帝，一定要恳求他的同事承认他。而且从 Theodosius 以后，个个皇帝每年各人可以选出一个行政官，所有国内的法律也是由几个皇帝会衔而且同意颁发下来的。

所以从习惯上看起来，Theodosius 死后那种分治的办法，并没有什么特别的地方，而且分疆而治是为行政便利起见，并没有新奇的地方，并没有西罗马帝国建设起来，所以并没有四七六年西罗马帝国灭亡这回事。

五

Theodosius 死后，罗马帝国里面有三个最有势力的统率帝国军队的军官，他们是日耳曼种或日耳曼杂种——Vandal 人 Stilicho，同 Gainas、Alaric，后二人，都是 Goth 种。我们要明了这几个人的特别地位，我们只能研究 Zosimus 所说 Theodosius 死后那几年他们行动的详细情形。我们虽然没有理由可以断定他所说的种种黑暗的同不定的阴谋是真实的，但是关于当时一般状况的实质，实在明了得很。而且他的记载很可以改正我们普通对于蛮族同罗马人种种关系的谬见。

我们要知道罗马人同蛮族——甚至匈奴人——并没有很明了的界限。只要他们居在一个适宜的地方，差不多没有人过问他们是属于哪个种族的。Theodosius 以前数百年，罗马国内的状况同现在美国纽约城的状况差不多。对于外国人并没有因为他是外国人，加以种种不利益，也没有故意地加以种种限制。所以当 Theodosius 时代日耳曼族移入罗马帝国里面，好像现在各国民族迁到美国一样。他们同罗马公民混杂起来，好像外国人同美国人混杂一样，急想做一个美国的公民。罗马人对于蛮族亦并没有什么界限，而且当时的蛮族也很愿意为罗马帝国去反攻他自己的族人，并没有表示出什么民族的感情。我们对于当时下级社会的通婚，虽然不十分知道，但是上流社会的通婚实在没有反对的成见。我们可举几个例：Theodosius 的侄女嫁 Stilicho；Stilicho 的两个女儿前后嫁于 Honorius；Arcadius 曾经娶 Frank 的酋长 Banto 的女儿 Eudoxia 为后；后来 Theodosius 的女儿 Placidia 又许配 Alaric 的内弟 Athaulf。

Zosimus 同我们说：Theodosius the Great 即位之后，立刻同重要的蛮族领袖调和起来，异常地优待他们，甚至于请他们来同他晏饮。他本是一个有名的 Goth 人的朋友。他同他们要好，曾经派 Alaric 同 Gainas 做他的军官，而且将一部分的东 Goth 人迁住在 Phrygia[49] 肥沃的地方。我们此地应该注意的，就是他这种办法实在与向来帝国的习惯相同，并没有什么新奇的地方。我们要明了当日全部情形，恐怕要以四一〇年 Alaric 陷落罗马那件事为最好的一个说明。

当时各蛮族的军官中间，竞争权利已经好几年了，他们在当时政治上的地位同我们现在城市里外国政客差不多。Stilicho、Gainas 同

Alaric 三个人，各为各的利益有种种进行。Theodosius 死后，Alaric 马上就侵入希腊，在那个地方 Stilicho 曾经稍稍抵制他。他就向北去，在罗马军中得了一个官职。他究竟任什么职务，我们不清楚，因为 Claudian 只说 Alaric 是负管理军械之责的。Stilicho 是很活动的，而且是很有野心的，他打败 Radagaisus 同他的蛮族军队。但是因为他打败这种军队，他故意教 Vandal 同 Suevi 人渡过莱茵河侵入 Gaul 的地方。至于 Alaric，他于四〇二年曾经侵入意大利，但是被 Stilicho 的部将 Saulus 所败。不过罗马政府里面的人没过几年（在四〇八年）的工夫，就唆使皇帝 Honorius 杀死 Stilicho。Zosimus 说，自 Stilicho 被杀以后，在罗马城中的蛮族很多被杀的，因此其余的蛮族就组织三万军队，而且请 Alaric 来同他们联合。

但是 Alaric 不愿意开战，因为他只要有个位置，有一种相当的权力和进款，就罢了。他当时预备同罗马皇帝讲和，将他的军队退到 Pannonia 去。不料 Honorius 不能允许他的条件，显出一种优柔寡断的样子。于是 Alaric 就派人到上 Pannonia 去，召他的内弟 Athaulf 带了 Goth 人同匈奴人回来。他自己亲向罗马城而进，就将罗马城围了起来。城中的市民求他解围，就送上五千镑金、三万镑银、四千件绸衣、三千条红毛毡、三千磅胡椒。Alaric 于是再宣言他自己愿意同皇帝同罗马城联盟，去抵抗所有他们的敌人。于是蛮族都退出罗马城外，但是罗马城中的奴隶，沿途加入蛮族军队里面的，数目达到四万人。我们看到这件事实，可见得罗马帝国里面的野蛮民族里面的分子，实在复杂得很。

Honorius 不愿意同 Alaric 讲和，但是他的宫内大臣 Jovius 决意派使臣到 Alaric 那边去，请他到 Ravenna[50] 来，同他说明罗马政府愿意同他讲和。Alaric 接到罗马皇帝同 Jovius 的信以后，他就走到 Ariminum，此地离 Ravenna 不过三十英里。Jovius 本来在 Epirus[51] 已经认识 Alaric，而且同他很要好，立刻去欢迎他。当时 Alaric 所要求的，就是每年要给他多少黄金、多少谷，而且要允许他同他的蛮族可以住在 Venetias[52]、Noricum[53] 同 Dalmatia[54] 这几处。Jovius

当面将这几个条件写下来，同他自己的私信一齐寄呈罗马皇帝，劝皇帝任命 Alaric 做骑兵步兵的司令官，以为如此可以减轻 Alaric 所要求的条件，缔结较和平的和约。

不料 Honorius 仍旧不愿批准这几个条件。Alaric 因为不能在罗马政府中得一个较好的地位，越发怒起来，提议再攻罗马城。但是他听得罗马皇帝已经招集了一万匈奴兵帮助他自己，Alaric 就悔他自己做事太鲁莽了，所以他派他所占领地方的各主教去规劝皇帝，教他们向罗马皇帝说：自己并不想做罗马官吏，只愿住在常常受人骚扰的 Noricum 一带地方，至于一年给他多少谷米，完全听皇帝的便，黄金也不要了，而且他很愿意同罗马人联盟来抵抗攻击帝国的人。这种条件 Zosimus 以为是很和平的了，他以为 Honorius 竟不正式允许这种条件，他的愚笨可怜得很。

普通尝读"蛮族迁徙"这类记载的读者，对于罗马人早早就雇匈奴人来当兵，一定要惊讶得很。就是对于 Alaric 命教士同罗马皇帝的交涉，如此的客气、如此的审慎，也一定要惊异得了不得。实在说起来，Alaric 住在罗马帝国里面恐怕已经多年了，他同其余的罗马官吏，实在没有蛮族或非蛮族的区别。只要能够得一个同 Stilicho 一样的地位，他显然就很满意了。

Alaric 既然受 Honorius 不应允他的条件的耻辱，他就再围罗马城。他将罗马同非洲的交通断绝了，而且要求罗马市民同他联合去攻击皇帝，当时皇帝已逃往 Ravenna。

Zosimus 说罗马的上议院曾经开会讨论进行的方法，对于 Alaric 的要求，一概承认了。他们欢迎他的使臣，而且请到罗马城里来，同时并遵 Alaric 的命，请罗马城的知事 Attalus 穿袍加冕即帝位。Attalus 于是乎任命 Lampadius 做宫内大臣，任 Marcianus 做罗马城知事，任 Alaric 同从前统带 Dalmatia 军队的军官名 Valens 的做司令官，并任命其他种种文武官吏。

Attalus 并且宣言要征服全世界，罗马人听得这句话，非常地欢喜，以为不但得着许熟悉政务的官吏，而且对于 Tertullus 被任为执政官一事，尤其满意。但是不料 Attalus 不能维持罗马同非洲间的交通，城中粮食的来源，因之断绝，所以 Alaric 立刻废了他。Alaric 将他带到 Ariminum 城中，免了他的皇冠，脱了他的紫袍，将袍冠送还罗马前皇 Honorius。

照上面所说的看起来，Alaric 侵入罗马的时候，并不是带了一般西 Goth 蛮族来横扫帝都，他实在很想用和平方法去实现他的目的。当他对于他自己所选择的皇帝没有办法的时候，他还是愿意同 Honorius 重开谈判。上面 Zosimus 所述的详情，恐怕是根据当时一个希腊的历史家 Olympiodorus 的著作而来。他叙到此地，忽然中断了。后来 Alaric 为什么再围罗马，我们不知道。

后来 Gibbon 将罗马陷落那件事实，说了好几页，他这段文章，大部分是他的建设思想的出产品。关于这件事实，除了当时人以外，我们并没有另一种历史的著作。Orosius 要证明基督教并没有促进罗马城的陷落，它的势力实在足以保护罗马城中许多人，所以他曾经举了一两个例，证明 Goth 人对于当时的礼拜堂很是尊重，而且他说蛮族烧了几座房屋后，第三天就退出去了。他说："这件事虽然过去没有几年（十年了），但是到了现在，罗马城中除了少数断井颓垣以外，没有人会想到罗马城中曾经有什么变化。"

Alaric 占据罗马城后五年，罗马城的知事 Rutilius Namatianus 作了几首诗赞美罗马的荣耀：以罗马城雄踞 Tiber 河上，好像世界上一个美丽的王后。他对于罗马的陷落并无伤感，而且他说罗马城将来一定为永久的大一统的帝国。

过了一百年，到 Justinian 时代，有个历史家 Procopius 在他所著的《Vandal 战记》那部书里面，说了一篇 Alaric 攻陷罗马城的事实，同上面 Zosimus 所说的完全相反。他说：有许多人说 Alaric 曾经以三百个美少年送给罗马城中的贵族，这班青年当他们的主人晚饭后入卧，就将城门开了。但是他说另外有人说：开城门的人，实在是上议院议员的一个主妇名 Proba 的，因为她看见城中一班可怜的贫民，差不多要到"人相食"的地步，所以叫她的奴仆在夜间将敌人放进来。

Gibbon 从 Procopius 这段不确的记载，提出一种似乎可靠的情形，实在冒险得很。Procopius 所说的两段文字，不但不确，而且是自相矛盾的。此地还有一句话可以说的，就是我们常常听见的 Honorius 同他的鸡 Roma 那段轶事，也就是从 Procopius 来的。这段轶事虽然没有多大历史上的根据，但是因为它异常有趣，所以值得永远记载下来。

Alaric 不久就离开罗马向南而进，去维持罗马同非洲的交通，中途就死了。继他而起的是 Athaulf，他娶 Honorius 的妹子为妻，在意大利同 Gaul 实行了种种同 Alaric 一样的政治上的阴谋诡计。Attalus 再被立为皇帝，再因失败而被废，所以 Orosius 说他是 Goth 王的一个傀儡，"立他、废他；又立他、又废他"。Orosius 还说 Athaulf 说过：

> 最初我竭力以为罗马的名字，应该毁灭，它的领土应该变成一个 Goth 人的帝国，并叫做 Goth 帝国。我希望 Romania 这个字，亦该变成 Gothia，而且 Athaulf 应该同从前 Cæsar Augustus 一样。但是照我的经验看起来，这班 Goth 人假使宽放了，就断不会遵守法律。没有法律，国家也不成国家了。所以我现在用一种比较稳健的方法：就是希望有一种光荣用 Goth 的力量去恢复而且增加罗马的名誉。而且我希望后代的人，当我是一个恢复罗马的发起人，因为现在要变更帝国的国体，我是做不到的。

六

Zosimus 同 Orosius 以后，关于五世纪的历史材料，就异常缺乏了。所有"编年史"也是非常的不完备；Procopius 的著作，离当时已远，又很靠不住。但是以后蛮族首领同罗马皇帝往来交涉的情形，同 Stilicho 及 Alaric 时代差不多，这是很明了的。至于那西 Goth 诸王能够维持罗马旧日的政体同法律，这也是很显然的。关于 Burgundian 王国[55]的事情，我们知道的很少；至于北非洲 Vandal[56]的历史，大半都是正宗基督教徒所著的居多，而基督教徒又是最反对当时蛮族所信的那种 Arius 派[57]道理的。

在意大利方面，从 Stilicho 以后，最重要的军官莫过于"贵族"Aetius[58]这个人。他曾经在匈奴王宫里面供职多年，并且做过匈奴雇佣兵的将领，而且很有资格去组织联军，于四五一年在东 Gaul 地方打败 Attila。他过了就是 Ricimer，也得了"贵族"的称号，在政界中好像纽约城中的政党首领一样，很有一点潜势力。

从四五五年无能的 Valentinian 第三死了之后，西部罗马的皇帝前仆后继来得很快。据说 Maximus 就是杀死 Valentinian 第三的凶手，不几月他自己也被杀了。同年有 Avitus 来做短期的罗马皇帝，他就是西 Goth 王 Theodoric 第二[59]所拥戴的。但是当时 Vandal 人已经要从非洲来攻罗马城，所以必须选个能干的人来做皇帝，因此 Ricimer 就允许选 Majorian 做皇帝（四五五年—四六一年）。他本来是个很好的军官，而且曾经与 Ricimer 同过事。他的有名就是因为他能尽力地去澄清当时的吏治。但是后来 Ricimer 不大满意他，所以在四六一年，就请 Severus 来代他。Severus 在位不过四年，但是他究竟是怎样一个人，我们无从考究了。Severus 死后，Ricimer 不再另选皇帝。两年以后罗马东部的皇帝 Leo 才同 Anthemius 联姻起来。我们在 Ennodius 所著的 Epiphanius 主教的传记里面，可以看出罗马新皇帝同那 Ricimer 的关系。Ennodius 说：Ricimer 在帝国里面的地位，除了 Anthemius 以外，他就是第一个人了。Ricimer 以为 Anthemius 是个滑头，而 Anthemius 以为 Ricimer 是个不容易交好的有毛的蛮族。到四七二年 Ricimer 另外立了一个皇帝 Olybrius 来抵抗 Anthemius，但是同年这两个皇帝都因病而死。

第二年有个新候补者出现，就是 Glycerius 这个人，他本是一个很有志的兵士，而且又有 Burgundy 王的援助。同时住在 Dalmatia 的一个军官 Julius Nepos 得了罗马东部皇帝 Zeno[60]的允许，自称皇帝了。照《编年史》所说 Glycerius 在罗马相近的 Portus 地方做了主教，Nepos 做了皇帝。Ricimer 死后，又有一个很有经验的蛮族领袖 Orestes 来做"贵族"，他本来做过 Attila 的秘书。此时罗马西部虽然已经有了两个皇帝 Glycerius 同 Nepos，他却要立他的小儿子 Romulus Augustulus[61] 为皇帝，同时东部的皇帝 Zeno 也正在那里驱逐一个劲敌呢。

我们要明白所谓西罗马帝国灭亡这件事的关系，不能不将 Romulus Augustulus 废立的情形说明一下，因为普通都以为 Romulus 的废立这件事，就是西罗马帝国的灭亡。我们现在先来讨论四七六年种种事实的材料。我们知道现在我们所有的材料，没有一种是当时亲眼看见的人记载下来的，大半都是后代的著述，或者是远地的传闻。最有名的 Theodoric 的大臣 Cassiodorus[62] 到了四七六年以后才生。四十年后在他所著的《编年史》里不过说："纪元后四七五年时——这年 Nepos 逃到 Dalmatia 以后，Orestes 将皇权给他的儿子 Augustulus。"在四七六年那段下面说："本年 Orestes 同他兄弟 Paul 都被 Odovacar 所杀。Odovacar 称王，但是不穿王服亦不用王徽。"照上面所述的看起来，显然 Cassiodorus 并没有看出这几件事可以表示西罗马的灭亡。

我们有种很完备的记载在　部意大利编年史的残篇里面，这是六世纪中叶所著的，作者的姓名我们不知道。我们所知道的，不过据 Mommsen 说过，这位作者显然是一个天真烂漫、文理欠通的基督教徒。书中所说的如下：

当皇帝 Zeno 在君士坦丁堡统治帝国时，"贵族"Nepos 忽然到了 Portus 将 Glycerius 废去。Glycerius 后来做了主教，而 Nepos 就在罗马做皇帝。不久 Nepos 到 Ravenna，但是他怕"贵族"Orestes，因为他带了军队来追他，所以 Nepos 就由海道逃到 Salona。在那里住了五年，为他的部下所刺。

从他离开罗马以后，Augustulus 被立为帝，在位十年。Augustulus 没有做皇帝之前，他的父母叫他 Romulus，他的父亲"贵族"Orestes 立他做皇帝，但是 Odovacar 带了 Scyrri 地方的人，忽然来同"贵族"Orestes 开战，在 Piacenza 地方将 Orestes 杀了，不久将他兄弟 Paul 在 Classis 附近松林里面，也杀死了。他于是便占据了 Ravenna 将 Augustulus 废去。但是他因为皇帝年轻貌美，就生出一种同情，赦他的性命，并且送他六千枚 solidi。他还送他到 Campais 去，同他的亲戚安然度日。他父亲 Orestes 本是个 Pannonia 人，因为随 Attila 到意大利，而且做了他的秘书，所以慢慢地做了罗马帝国的"贵族"。

Procopius 是 Justinian 时代名史家，在五五〇年所述关于上面这件事迹，比较的详细一点。但是他没有说他的材料从何而来，而且他搜集材料的时候，离那件事已经七十年了。他在他的那部《Goth 战记》里面说：

> 当 Zeno 统治罗马东部的时候，罗马西部的权力为 Augustus 所有，罗马人称他为"Augustulus"，因为他即位的时候，年纪很小。他的父亲 Orestes 是一个很谨慎的人，做摄政王。从前罗马人曾经为 Alaric 同 Attila 所败，所以同 Scyrri、Alani 以及其他 Goth 种同盟。罗马军队的名誉因此比例地减少了，蛮族的名誉因此比例地增加了；而且他们名义上虽然是叫做同盟，实在是无异蛮族的附属品。蛮族的寡廉鲜耻如此利害，所以罗马人屡次退让以后，他们便想瓜分全部意大利可耕的领土。他们要求 Orestes 拿出三分之一的地方，Orestes 不允，他们就立刻将他杀死。蛮族里面有个皇帝的禁卫官，名叫 Odovacar 的，向蛮族说：假使他们派他做军统，他就承认他们的要求。他僭称皇帝之后，并没有伤害皇帝的身体，仍许皇帝做一个庶人。他想使蛮族心服他，所以将意大利可耕的地方给三分之一于蛮族，他在位计有十年。

十世纪时罗马皇帝 Constantine Porphyrogenitus 下令所搜集的历史材料，就中有一部分是 Syria 的 Philadelphia 地方人 Malchus 著作的残本，这部历史是从四七四年到四八〇年。他著书的时候是六世纪初年。其中有一段叙述罗马上议院派人到东罗马皇帝那边去要求他派 Odovacar 做"贵族"，这个头衔是从前一般蛮族领袖所有的。下面一段文字异常有趣，而且可以表示作者的不谨慎，几乎近于不规则。这种毛病 Gibbon 和其他的著名的历史家的著作里面，也是在所不免。

Malchus 的原本，本是希腊文。现在直译如下：

……Odovacar 强迫上议院派使臣到皇帝 Zeno 那边去，告诉他说，他们已经不要他们自己的皇帝了；一个皇帝统治帝国就够了；而且因为 Odovacar 很熟悉政治上同军事上的情形，所以他们已经选他来保护他们的利益。所以他们恳求 Zeno 赏 Odovacar "贵族"的称号，而且命他管理意大利方面的事务。罗马上议院所派的使臣，就将这种陈情书带到君士坦丁堡去。

当那几天 Nepos 也派了使臣来向 Zeno 道贺。因为当时 Zeno 已经将他的劲敌打败了，而且同时请求他来援助 Nepos，供给金钱、军队及其他种种必要的东西去恢复势力，因为 Nepos 所受的困难同 Zeno 一样。Nepos 就派了能说这种话的人前往。

但是 Zeno 回答罗马上议院使臣的话是："他们从东部接去两个皇帝，一个被逐，一个被杀。在这种情形之下，他们应该知道有什么办法。只要那个皇帝还是存在，那么除了欢迎他回来，没有别的办法。"

他对于 Odovacar 所派来的使臣说：Odovacar 要想得"贵族"的称号，最好是向皇帝 Nepos 去要求。不过假使 Nepos 不愿意给这个头衔，那么他自己再来给他，而且他异常称赞 Odovacar 这个人，因为他能够表示一种趋向来维持罗马的秩序，所以他希望 Odovacar 能够欢迎封他为"贵族"的那个皇帝。最后并且写了一封信给 Odovacar，说明这番意思，而且尊称他为

"贵族"。

关于 Romulus Augustulus 一点也没有提及。因为他不能算是一个皇帝。

我们已经将四七六年那件事实的材料，全部说明了。现在将 Gibbon 著作中第三十六章里面所说的话研究一下。我们知道 Gibbon 这段文章，是根据 Malchus 的著作而来的。

> Odovacar 决议废止无用而且靡费之机关（皇帝）。然要使此种主张容易实行，非有胆量同远见不可。不幸之 Augustulus 为人傀儡，乃向上院辞职，上院最后有服从君主之行动，尚能表示其自由之精神，及宪法之形式。并一致议决致书于东罗马皇帝 Zeno，彼本系 Leo 之婿及承认者，方平乱而复辟。若辈向之陈述意大利方面已无另立皇帝之必要，以为一人已足以统治保护东西二帝国而有余。所以以上院及人名之名义议决，将统一帝国之都城由罗马移至君士坦丁堡，而且上院宣言此后放弃选举皇帝之权利。若辈之意以为 Odovacar 在政治上、军事上之经验，已足以巩固罗马之共和（Republic），并求皇帝封 Odovacar 为"贵族"，命他负管理意大利之责。
>
> 上议院所遣之代表，既达君士坦丁堡，殊不受人之欢迎。……然不久 Zeno 即知 Nepos 已无复辟之望。彼以为彼可享唯一皇帝之名称，及罗马城铸像之虚荣，乃与 Odovacar 互通音问，而且接收皇帝之徽章宝座及宫内之装饰品等，深表谢忱，此皆 Odovacar 愿自国民眼中转移而奉之者也。

照上面这段文字看起来，Gibbon 所说的话，虽然自命为取材于 Malchus，但相同的地方很少。而且在 Malchus 原文里面，没有提起"共和"二字，即使果然提到，Gibbon 也应该知道希腊文所谓"共和"并不是同我们所谓"共和"一样。因为当时"共和"二字，不过就是国家的意思罢了。

最可怪的，就是 Gibbon 所说的 Zeno "接收皇帝之徽章……愿自国民眼中转移而奉之者也"这句话，无论何人读了都以为 Odovacar 将罗马皇帝的徽章等物移至君士坦丁堡这件事是真的了。谁知道这话实在没有一点根据。在《意大利编年史》里面说：从四九三年 Theodoric 杀了 Odovacar 以后，他就同皇帝 Anastasius[63] 讲和，皇帝就将从前"Odovacar 所送到君士坦丁堡的那些王宫装饰品，一概交还了"。至于这些装饰品究竟是些什么东西，没有人知道。但是我们断不能说这种装饰品就是皇帝的徽章，而且这种东西的送往东罗马这件事，我们也是毫无根据。

现在我们将所有五世纪传下来稀少的史材研究一下，就可以知道普通人对于罗马帝国西部分裂的种种观念，显然没有根据：(1) Theodosius 大帝绝不是罗马唯一的皇帝；(2) 他绝对没有将帝国分给他两个儿子 Arcadius 同 Honorius；(3) 欧洲史上断没有西罗马帝国这个东西——至少在 Charlemagne 以前；(4) 罗马人同蛮族并没有什么种族上的界限，而且在上流社会里面，常有互通婚姻的事情；(5) Alaric 并不是一个蛮族的领袖，带了大队的蛮族来横扫罗马城；他实在是个很谨慎的政治家，很愿意开和平谈判的一个人；(6) 四一〇年时罗马城虽然被 Alaric 所占，但是并没有受多大的损失；(7) 四七六年时，并没有西罗马帝国灭亡那件事体，因为根本上原无可亡的西罗马帝国，而且因为 (8) Romulus Augustulus 并不是个正式的罗马皇帝，而 (9) Odovacar 也并没有将皇帝的徽章送到君士坦丁堡那一回事。

【注释】

〔1〕见第四篇《思想史的回顾》注〔42〕。

〔2〕意大利人，一四六三年生，一四九四年卒。为中古学校哲学派最后之一人，亦考古学家之含苞未吐者也。

〔3〕德国人，一四五五年生，一五二二年卒。研究希腊文及希伯来文之学者。有功于他日之宗教改革。

〔4〕一三九八年生于意大利。长游君士坦丁堡及意大利北部诸城。为名考古学家。一四八一年卒。

〔5〕英之有名航海家，不知所终。

〔6〕见第一篇《新史学》注〔50〕。

〔7〕均中古初年之日耳曼民族，或称"条顿族"。

〔8〕见第二篇《历史的历史》注〔16〕。

〔9〕见第二篇《历史的历史》注〔73〕。

〔10〕法国人，一八三〇年生于巴黎。曾任法国诸大学及师范学校教授。著有《古城》及《古代法国政治制度史》。一八八九年卒。

〔11〕皇帝 Justinian 于五二七年即位。命 Tribonian 编纂千年来之国法。其结果即《法典》、《法学汇编》、《法学原理》及《帝国新律》四书，合称为《罗马民法法典》。

〔12〕皇帝 Julian 之名将。所著《罗马史》迄三七八年皇帝 Valens 败于 Adrianople 地方止。

〔13〕希腊历史家，著有《皇帝 Justinian 战争史》。五六五年卒。

〔14〕希腊人，四〇八年生，四五〇年卒。著有《罗马皇帝本纪》一书，自 Augustus 起至四一〇年止。意谓罗马国势之衰微，咎在放弃昔日之旧教云。

〔15〕见第二篇《历史的历史》注〔50〕。

〔16〕希腊人，生于五世纪。著有希腊文之《西部帝国史》。

〔17〕九一二年生，九五九年卒。提倡文治。著有关于历史及政治诸书。

〔18〕匈奴王，自西亚侵入欧洲，于 Châllons 地方为罗马及 Goth 联军所败。四五三年卒。

〔19〕匈奴人，曾任 Attila 之官吏。后入罗马禁卫军中任事，废 Augustulus。四九三年被东 Goth 王 Theodoric 所刺而死。

〔20〕见第二篇《历史的历史》注〔26〕。

〔21〕见第二篇《历史的历史》注〔23〕。

〔22〕君士坦丁堡人，生于四世纪。著有《教会史》，述自三〇六年至四三九年。

〔23〕君士坦丁堡人，于四四〇年著《希腊教会史》。

〔24〕三九〇年生于小亚细亚之 Antioch 城。四五七年卒。为教会史家。

〔25〕Gaul 南部人，生于五世纪。著有《编年史》。

〔26〕见第二篇《历史的历史》注〔72〕。

〔27〕Sueve 种人，统治意大利者凡十余年，自四五六年至四七二年。曾以一人而立皇帝四人。

〔28〕Pannonia 人，为皇帝 Romulus Augustulus 之父。卒为 Odovacar 所杀。

〔29〕希腊人，生于四世纪，为著名之纪事诗人。所著以 Stiliche 的武功颂为最著。

〔30〕Vandal 种人，为罗马名将。皇帝 Theodosius 死后，彼实统治罗马之西部。四〇三年在 Ravenna 地方被刺而死。

〔31〕四三〇年生，四八三年卒。曾任罗马官吏。四七二年为主教。

〔32〕罗马名主教。自四一〇年任教皇，至四六一年止。其信札中颇主张罗马城当为教会之首都。

〔33〕罗马皇帝，一二一年生，一八〇年卒。哲理湛深。著有《静思录》，世以哲学家目之。

〔34〕见第三篇《历史的新同盟》注〔17〕。

〔35〕罗马皇帝，三三一年生，三六三年卒。在位十八年。才兼文武。反对基督教甚力。

〔36〕小亚细亚之城名，为两次宗教大会之集会地，故著名。

〔37〕地名，在今 Adriatic 海东岸一带地，即希腊半岛之西部。

〔38〕三六四年即位，三七五年卒，以善战著。

〔39〕即今意大利北部及法国南部一带地之总称。

〔40〕即今之瑞士地方。

〔41〕亚洲黄种人，居黑海及东欧一带。后与斯拉夫种混合。

〔42〕罗马省名，即今之奥地利、匈牙利一带地方。

〔43〕Celt 种之一支。自三世纪至九世纪，居于苏格兰地方。今已同化。

〔44〕日耳曼种之一支，自北德移入英国，为英人之祖。

〔45〕居于非洲北部阿刺伯种人之总称。本系基督教徒，自七世纪后，改信回回教。

〔46〕欧洲东南隅地，东滨黑海，南滨伊琴海，北达多瑙河。

〔47〕城名，在今意大利北部。

〔48〕三七五年即位，三八三年卒。皇帝 Valentinian 第一之长子。

〔49〕小亚细亚中部高原之名。

〔50〕城中，在意大利东北海滨，为罗马帝国西部国都者凡三百五十余年。

〔51〕古代希腊之西北部地方。

〔52〕即今意大利东北部地方。

〔53〕即今奥地利及瑞士一带地方。

〔54〕即今奥地利之西南沿 Adriatic 海滨之地。

〔55〕在今法国之东南部，为条顿种人所建之国。

〔56〕日耳曼种之一支。自北欧入据北部非洲之罗马领土。

〔57〕为四世纪时基督教之异派。创始者为 Arius，反对"三位一体"之说。为当时基督教正宗所不容。

〔58〕罗马名将，于四五一年败匈奴王 Attila 于 Châllons 地方。四五四年被皇帝使人刺死。

〔59〕东 Goth 王国之创设者。四五五年生，五二六年卒。四九三年战败 Odovacar 而自立，遂统有罗马帝国西部一带地。

〔60〕四七四年生，四九一年卒。优柔寡断，国势益不振。

〔61〕罗马西部之最后皇帝，四七六年被废。

〔62〕见第二篇《历史的历史》注〔52〕。

〔63〕四三〇年生，五一五年卒。

七、一七八九年的原理

一

　　自从法国国民议会发表那篇革命的性质、范围同利益的宣言以后，到如今已经一百三十年了。国民议会做了六七个月的事体，居然宣布将一个旧的腐败的国家重新生到自由里面去。人类的权利，数百年来被人家误会了而且侮辱了，重新建设起来；从前无数的特权，本来已成为法国的公法的，也永远废止了。宣言书里面并说："现在名副其实的公民里面，还有一个人敢向过去看——希望再在遗址上来恢复从前的旧制度么？"

　　但是竟有许多人果然胆敢回顾革命以前国民议会所藐视的那种旧制，不但懊悔而且羡慕。实在说起来，就在现代，还有个著作家 Charles d'Héricault 当全级会议开会一百周年纪念时，还要赞美旧制的好处，以为当那时候，全国国民统是安居乐业、同德同心，一直到了革命的时候，他们被恶魔围攻了，叛离上帝同国君，因此就受苦了。照 Charles d'Héricault 说：法国的旧制，最能够"发展社会各级的特性，使各级能够同来造成一个完全的社会。第一，就是僧侣，聪敏、可敬、虔奉上帝；再就是从前的专制君主，现在变为有威严的令人尊重的国王；兵士，现在为文雅的贵族、荣誉的灵魂。第二，就是中流社会，有钱、有威严，而且很有教育。第三，就是平民，笃信宗教、和蔼可亲，用积蓄、跳舞、唱歌等来安慰自己生活上的小困难，他们遇到大不幸的事体，往往想到上帝"。

不料忽然之间，而且很激烈的，这个快乐的基督教的君主的法国，开始加罪于教士同君主。它现在竟去覆灭了它从前所崇拜的指导者，反去专诚崇拜一个新女神——这个新女神，就是我们所谓革命[1]。

骤然看起来，我们对于这种王党的意见，它在 Charles 第十时代得了最早的印象，好像可以不必十分去注意它。但是 d'Héricault 不过是一班很重要的而且有学问的著作家里面的一个人。他们为复古起见，天天在那里描写恐怖时代的可怕同扰乱。而且唯有这班历史家的存在，才能说明那班高尚共和党人的态度，他们对于顽固的仇敌所说的话不能轻轻放过的。

当现在巴黎城政府提倡研究历史的时候，他的用意并不全在科学方面，或者为平常城市光荣起见。所以要搜集而且印刷革命时代巴黎城政府所有法律的目的，就是要证明巴黎因促进"人类的解放"，有"永久的光荣"。他们要说明如何巴黎城的代表，能够根据自由同平等，去建设一个新社会。以道德心、爱国心、克己心，去反对大逆、无信同诽谤——这统是贵族的私心，常常煽动人家去反对高尚的公民。他们可以使公民做殉道的人，但是非叛教的人。我们若是平心静气将巴黎城政府对于建设第一次法国共和的事业研究一下，就知道上面的话的荒谬，同 d'Héricault 所说旧制的快乐差不多。

总而言之，现代的法国人同一七九〇年时候的法国人一样，或者爱革命，或者恨革命。近来有一位法国著作家曾经说过：到如今大家对于法国革命，还是不外攻击同辩护两派，没有人能够看它同其他事实一样。[2]这句话是过当的，但是比之于 Aulard 所说的话——他同他的同志，用同样的精神去叙述法国革命史，好像他们去叙述希腊、

罗马史一样——总算近理多了。要想法国人对于法国革命的人物，如
Danton[3]、Cloots[4]、Lafayette[5]、Desmoulins[6]能够同叙述 Cle-
on[7]、Brasidas[8]、Nicias[9]同 Aristophanes[10]一样，有一种公正
的精神，不知道还要经过多久时候呢？

如今关于法国的著作里面，好像在百年以前一样，还有许多党见
存在里面。所以 Tocqueville[11]所说的话是对的，他说法国革命虽然
是一件政治上的事情，但是它的方法，好像是一种宗教的革命，因为
由法国革命激起了一种恶感，它的利害同因宗教变更而发生的恶感差
不多。这种党见永远存在的原因，一部分原于法国人的性质；但是大
部分还是因为法国革命没有将法国发生革命的最重要问题，完全解
决——就中最著的，如中央政府的性质、同宗教与国家的关系等等。
而且法国屡次宪法的革命，虽然并不如普通人所想的那样根本地能够
轮流激起各种政党的精神，但是因此使激进党同守旧党都永远存了一
种希望。所以第一次革命往往做后来时政讨论的背景，而大家往往求
援于一七八九年的原理，这种原理的解释，往往因求援的人志趣目的
同见解而不同。

法国革命恐怕是欧洲史里面最难研究的一件事实。我们想研究
它，要使现在能够明了过去，到处都有困难同陷阱。法国革命在什么
时候开端，已经不容易断定；至于什么时候终止，好像到现在还没有
结束的样子。至于材料，对于几种事实，实在非常的多，而对于另外
几种事实，又太稀少，甚而至于一点亦没有。当我们研究它们的时
候，我们又不能不注意各种激烈的党见——宗教的、政治的、社会
的、哲学的。至于法国革命这件事，差不多没有一个人是没有分
的——本国的同外国的君主、朝廷的官吏、各种国民议会同无数委员
会、各地的革命机关、各城的政府、监军的官吏、逃亡的贵族、宣誓
与不宣誓的僧侣、俱乐部、演说家、新闻记者、小册子的著作家——
这些人所做的事业，我们不能不在法国革命里面指定相当的地方。最
后，法国革命自从一七八九年全级会议开会后十年或十五年之间，在
欧洲史里面是时间最短的、变化——实行的或提出的——最多的、人

类利害方面最多的、最极端的一种改革——政治的、社会的、经济的、宗教的、教育的，再加以一种空前的激动同纷扰——内乱、外患、攻人、自守、外交——所以要将法国革命中全部事实有条有理地记载下来，几乎是不可能的了。所以 Carlyle[12] 曾经说过："法国革命的意义，真是同谈革命的人那样多。"照他看起来，法国革命这个东西，是一种"公开的激烈的叛乱，同一种自由无政府的胜利，去反抗腐败陈旧的权力；怎么样一个无政府的精神，起来打破监狱，从极深的地方爆裂出来，不可约束，不可测度，将一个世界一面一面包在一种狂病里面"。照 Taine[13] 说起来，法国革命好像一个文人，"身体很弱，但是他的习惯显然健全而且和平，急欲饮了一种新的酒，忽然跌倒地上，口中吐沫，知觉顿失，肌肉拘挛"。Carlyle 同 Taine 虽然对于法国革命的要点，都能见得到，但是普通较弱的头脑，往往被当时的纷扰同高谈所迷乱，好像这就是法国革命的本身。最近三十年来，历史界有一件最大的事业，就是将法国革命的那个恐怖时代移到它的适当的地方去。这件事，我们不能不归功于 Morse Stephens 教授[14] 能够将"自由的无政府"说明了，而且回复到应占的地位。这件事实，假使同近来露西亚那种混乱比起来，实在微小得很。

法国革命史里面的个人，往往异常的触目。如 Marie Antoinette[15]、Lamballe 公主[16]、Marat[17]、Charlotte Corday[18]、Desmoulins、Danton Saint-Just[19] 同王太子，这班人，差不多都是读法国革命史的意中人。人们往往注意 Bastille 狱的陷落[20] 同"九月杀戮"[21] 这些事，而对于法国第一次宪法的来源同原理，反倒不十分注意了。

现在时候已到了，我们应该有一种法国革命史，完全当这个革命为一种社会方面的、政治方面的、经济方面的改革。Chassiu 所著的《革命之人才》（Genius of the Revolution），就是显然以这点为宗旨。他想著一部真确的历史，将个人的、轶事的、偶然的、幻想的事实，一概略去不提，专门注重当时永久的事业。他以为法国革命这件事，并不是自由的无政府主义的爆裂，实在是改革家实现他们理想的方法。他们怎样以平等的制度，去替代特权的制度；以自由的国家，去替代专制的政府；以民主主义，去替代神授的君权；以公平去替代私爱。

但是为什么我们要替法国革命来辩护？我们早就希望知道法国革命的事业究竟是什么。但是我们假使要明了法国革命的事业是什么，法国革命在历史上的地位是什么，我们不但须将法国革命史同法国的旧制联络起来，而且要同法国革命以前五十年的欧洲史联络起来。从前著法国革命史的人，研究法国旧制的时候，往往专提种种惊人的弊窦同思想的偏心，这种东西或者可以说明当时激烈党人的心理，但是断不是骤然的而且永久的改善的原因。我们假使不去研究一七八九年原理所根据的那种不成熟的改革同改革的要求，我们对于法国革命始终要莫名其妙。法国革命这件事，将来总要承认它为一种适合新的变的环境的举动。要特别注意革命的酝酿，去说明法国同西欧的再生，这是将来研究法国革命的人应有的一种志趣。

现在没有几个人能够专门去研究而且发见法国革命真大的而且永久的结果，所以无怪普通人以为法国革命并没有什么结果。只有一个人可以算例外。Aulard 在他所著的那部《法国革命的政治史》里面要做一件事业，选出他所谓那种运动里面的两个原理：权利平等同民主主义——而且他并用全副精神同知识，将这两个原理的变化，从一七八九年说起直到一八〇四年止。我们读了这部书，好像从神经错乱的境地中，逃入有系统的有思想的而且有目的的地方。

法国革命那种悲惨的事体里面，根本上实在隐有一种社会的同政治的改造。这种改造不但可以说明十九世纪的法国史，而且可以说明欧洲各国自由制度的进化。我们假定五百年后的历史家，平心静气地回头来研究法国的革命，恐怕种种奇异的事实都会慢慢地隐下去；革命对于欧洲的真贡献，恐怕都要显露出来；法国革命的事业，最重大的就是在法国所谓"一七八九年的原理"。

自从 Burke[22] 痛骂法国第一次国民议会同他们的政治哲学的幻想——这种东西，好像 Aeolus 的风[23] 横扫地面一样——以后，英国、德国的历史家，往往以为法国的那篇《人权宣言》，不过是法国人性情轻佻的一个例。Sybel[24]以为法国革命时代的种种危机，可以在那篇《宣言》里面看出来。就是现在还有许多历史家，都以为当时法国人不应该费许多应该专心于实在改革的宝贵光阴，去研究一种空泛学理的争辩。法国人也有根据政治上的利害，同外国批评家一样，来诟骂那篇《宣言》的。照另一方面说，当这篇《宣言》宣布的时候，不但激起当时一般人的热心，而且以后在法国的宪法里面，屡次发现，一直到一八四八年为止。就是欧洲各国宪法中的同样宣言，差不多都以这篇为模范。

普通研究《人权宣言》的来源同根据，有两个趋向：第一，是将责任放在 Rousseau 的门上；第二，是回想美国的先例，关于这点，国民议会中人曾模糊影响地常常提到。Sybel 以为法国的《人权宣言》根据于美国的《独立宣言》。Häusser 同 Stephens 也以为法国的《人权宣言》，是以美国《联邦宪法》前面那段无稽的权利宣言为模范。

我这篇文字的宗旨，就是要说明法国宪法的思想如何慢慢地发达，宪法前面为宪法根据的那篇《人权宣言》如何自然而然地发生。我们现在时候到了，不应该因为要说明恐怖时代，才去研究法国第一次立法的机关。我们应该用当时议员同党人的态度，去观察他们的事业。我们要想做这件事，不能不将国民议会宣言编订宪法的时候那种情形，详细叙述一下。

二

我们都知道一七八九年五月初，法国从前封建时代三个阶级，所谓全级会议的，在 Versailles 开议，离从前那个国会已经一百七十五年了。议员服制，虽然和从前规定的一样，但是这个团体，已经经过一个大变迁了。没有一张君主的命令，能够再造出数百年前那种精神。虽然有保守的分子极力反对，但是那个会议，不到几个星期就变形了。

当时亲近法王的朝贵都知道这种危险的倾向，所以怂恿路易十六下令暂时停会。停会的理由，就是因为六月二十二日那天，路易十六将要亲到议场，所以不得不让木匠将会场修理一下。

第三级的代表看见会场既然被工人占据，就集合于 Versailles 的网球场决议通过下面的议案：

> 国民议会以为它自己是为编定王国的宪法，实行秩序的整顿，同维持君主的原理，才召集的。无论在何处开会，人家不能阻止他们的继续讨论。而且主张它的会员无论集合何处，国民议会就算存在。本会议决所有议会的会员，立刻郑重宣誓无论在何种状况之下，决不分离，大众集合到王国宪法编订而且放在一个稳固基础上才止。

这个议案的重要，就是因为这是第一次正式说明国民议会的使命。

法国的革命史里面，往往以为这个有名的宣誓，不过是一种木匠侵入会场的结果——好像 Carlyle 说，他们的锤打声、锯木声同呼唤声。但是就事实而论，六月二十日这个誓言，虽然政治上异常重要，但是当代表没有被逐于议场以外之前，并没有多大的进步。

三天以前（六月十七日）第三级代表曾经议决自称"国民议会"，而且同日这班代表曾经宣过同样的誓："我们宣誓而且保证热心地而且忠顺地去尽我们应尽的义务。"这个誓言，据说"有六百人参与，有四千人旁观，激起了最大的感情，造成了最大的奇观"。所以"网球场誓言"新奇的地方，就是那个明白宣言以编订宪法为议会的重要任务。

全部代表既然一致承认编订宪法为议会的真目的，可见当时一般的人心对于这种宣言已经成熟了。我们要问：法国人用什么步骤得到一致见解，以为救国的方法不能不有赖于宪法的编订，这个见解，第一次在"网球场誓言"中正式发表出来？

当时法王同大臣对于召集全级会议的用意，本来不十分清楚，所以在一七八九年正月二十四日所发的召集全级会议的命令里面，也没有十分说明。命令里面说："吾辈急需忠顺臣民之意见，来助吾辈解决所有吾人所受之困难，如关于国家财政，及根据吾辈之意建设政府各部永久不变之秩序，凡此皆人民幸福所系，而国家盛衰所关者也。""建设政府各部永久不变之秩序"这句话，在命令里面提了三次，为大目的之一，这个目的，就是全级会议同法王应该希望达到的。当时财政大臣 Necker 于召集会议以前一个月，曾经有个报告，这个报告虽然以为可以反照法王心中的目的，但是实在不能说明那篇召集会议命令的精义。Necker 绝对没有提及"宪法"二字，他好像以为从此以后全级会议当然有定期的开会，而且一面要革除弊政，一面要改良政治。在政府方面也没有贡献什么改革的计划，一直到"网球场誓言"三天之后，法王亲到会场，才提出三十五条精密的有趣的改革计划。

但是当时国内一班领袖人物的心中，对于改革的观念，倒是比政府中人还要来得明了，差不多全级会议没有开会以前，他们已经抱有一种宪法的观念。当时有一种最显著的观念，为将来宪法革命的根据的，就是十八世纪时候的各高等法院的抗议。法国高等法院当革命以前，早已定下一种宪法的原理，而且能够竭力将那种观念广播于大众。

我们想到法国政府里面立法同司法的职务关系如此密切，无怪巴黎那个骄傲的而且自觉的高等法院常常要增加它自己的义务，扩充它自己的势力，来监督立法。这种倾向几乎免不了的，因为法国早有一种习惯，允许司法机关对于君主的命令交来注册时，可以提出抗议，而且可以要求复议。高等法院对于这种参与立法的非常权利，保护得异常严密。他们的理由，不但根据于先例而且根据于公平同便利。所以当法王同大臣要强迫司法机关将朝廷命令注册时，极大的危机往往因此产出。当这种时候法王的专制性质同立法行为的性质，往往成为国人所注意的问题。

法国司法机关虽然承认法王为最高的立法者，但是因为要维持他们对于君意的反对起见，就倡出一种宪法的原理。他们以保护王国的"根本法"自命。他们以为他们有维持王国宪法同监督违法的义务。这种宪法恐怕本来没有一定的，而且又不是成文的，但是司法机关很可以说法国只要遵守某种可敬的习惯，才可以希望有一种合法的政府。他们有一次居然曾对路易十五说："就是谄媚本身，亦不敢说无论在什么一件案中，什么君主的意思就能成为法律。"[25] 但是法国高等法院好像很知道他们的主张，最好不过根据于不稳固的基础上面。所以他们始终不敢将法国的"根本法"胪列出来。他们往往慎重地将旧话重提，来赔偿他们主张的模糊。

高等法院所主张的种种原理，虽然不十分显明，但是从一七一六年五月以后有许多传播很广的"抗议"，使全国人民了然于政府的腐败同专制的危险。从此以后，廷臣同高等法院常起冲突。这种冲突，虽然能养成一种不满意于政府的精神，但是我们此地不能去细说。我们应该知道的，就是当十八世纪的时候法国高等法院怎样激起国民来要求限制君主的权利。

下面所引的一段文字，就是在"网球场誓言"之前七十年所发表的，里面包含他们主张的大纲，这种主张，后来在法国高等法院里面，慢慢地发展起来。

　　陛下，我们虽然承认你是主人、元首同唯一的立法家；而且承认法律因为要根据时代的不同，人民的需要，秩序的维持，同国家的统治，不得不变化的；而且为统治国家起见，你不能不以新法律照向来的方法去代替旧的——但是我们始终以为我们的义务，就是要请你注意那种永久的不变的旧法——它同王国一样的旧——之存在；保管这种法律的责任，同王冠一同交给你的。……因为要这种法律能够永久存在，所以我们请你来做主人同元首，这就是想维持法律的永远存在；所以我们希望这个王冠，曾经在长期的、公平的而且光荣的时代中间，加在你的头上，能够传之于万世。

近来法国因为能够维持永久的法律，受赐不少；而且为陛下服务的高等法院关于这种法律的遵守，对于你同国民统负责任，应该尽力保护它们，不至于受人攻击，也是一件很重要的事；这几点到了现在都很明白了。

高等法院并说：就是路易十四也以为高等法院是"王国根本法的真正保护者；而且就是最专制的君主，也曾承认高等法院的注册，为立法的一个必要条件"[26]。

照上面的话看起来，可见法国高等法院的地位，差不多与法王自己同等，巴黎的高等法院尤其如此。它们的存在，根据于同样的"根本法"或宪法。所以这种"王国中最重要的而且最神圣的宪法"，不但规定一个君主同"侥幸的无能"，而且规定一个有协同君主立法权力的法院。[27] 这两种机关的存在，统是源于同样不可磨灭的法律。

一七五三年有所谓一种大抗议，将君主的意思同国法的关系，讨论得很详细，将君意附在法律之下这句话，说得明明白白，而且这个原理亦用路易十四时代各种政治学著作里面的话来证明它。[28] 有了这篇抗议——本来讨论反对仪节那件事——以后，因为罗马教皇那道Unigenitus 命令而发生的争执，从此终止。以后法院同政府的冲突，都是关于旁的事。当时结好国民的司法机关很能迎合社会的心理，知道使他们的宣言带一种民主的或者至少民众的色彩。他们的抗议里面"国民"、"人民"、"公民"这几个名词，常常增多起来了。我们很可以看出来法国的国民慢慢有一种反对君权无限的或不明的趋向。至于宪法原理说得最明白最透彻的，我以为就是一七七一年七月 Britany地方高等法院所提出的那篇无名的抗议。里面说的是：

随时变化的规则同国宪所根据的根本法，是很不相同的。关于随时变化的规则，司法机关的义务，在于诱导同启发君主。不过他们的意见，最后还是要由你去决定的，因为唯有你一人有规

定关于种种治国的权力。但是统治国家并不是去变更国家的宪
法。……所以我们不能不将两种东西分别清楚：一种是有了劝告
就足以启发君主的治国，统治国家虽然范围很广，也仍旧有它的
限制的；一种是所谓君主的"侥幸无能"，不能超出宪法所定的
范围，包括一种法律上必要的权力去反对武断的意思。

上面所引的一段抗议，虽然是片面的理由，但是同后代对于宪法
同普通法律观念的区别，异常相仿。法国革命以前，有思想的法国人
不但早早知道"宪法"这个名词，而且早早有了一个立宪政体的
观念。

自从法国国会中断之后，法国的高等法院就以国民代表自命，这
或者就是他们胆敢利用国民同情提出主张的根据。当一七八七年七月
十六日那一天，巴黎高等法院曾经请求政府召集全级会议，"因为唯
有代表国民的全级会议，才有给君主以必要经费的权利"。这个要求
新党同旧党竟一致赞成，他们对于他们行动的意义本来是相反的——
可以说是终局的开始。

美国最初各州的宪法，不能不说它们大有影响于法国读者的观
念。一七七八年曾经有人将美国各州宪法编订起来，备法国人诵读之
用。不久美国国会又重印了二百部"大纲"，送到法国。Turgot[29]、
Mably[30]、Condorcet[31]这班人，曾经有批评美国的制度的著作。
我以为法国国民议会里面讨论的时候，常常提起美国《权利宣言》的
话，并不是指美国的《联邦宪法》，也不是指美国的《独立宣言》，所
指的实在是美国各州宪法前面的权利法典，尤其是 Massachusetts 同
Virginia 两州的。

美国所有的经验，或者可以增加法国宪法改革运动的精确同力
量，除此之外，我们不能再说美国的先例，还有什么影响了。我们要
说明法国人从一七八八年到一七八九年对于他们的权利，要有一种书
面担保的要求，不能从外国去找，应该从当时法国的状况同事情里面
去找。在一七八八年五月时，法国政府想废止从前的司法机关，因此

巴黎的高等法院胆敢将宪法的原理，明明白白地陈述出来。照他们所说的"根本法"里面，有下面几种：就是唯有全级会议有给予君主经费的权利；公民除非立刻送到正式法官之前，有非法不得被捕的权利。这两句话已经隐隐提到后来议会所批准的那两种人类同公民的权利。此外还有别的提议，以规定君主和大臣不能废止高等法院为目的，高等法院本来有检查在各省的君意，同注册那种合于各省宪法同国家宪法的命令的两种特权。

巴黎高等法院所说的话，未免激起了地域主义，本来是不对的，但是在当时倒是成功了，自从前一年 Calonne 将财政状况宣布以后，国民对于政府已经没有同情。现在政府又想废止各地的法院，因此激起了各省的叛乱。Dauphiné 地方的叛乱，不但为召集全级会议的先声，而且大有影响于全级会议的精神同性质。

一七八八年的叛乱，实在就是法国革命运动的一部分。表面上看起来，好像各省反对政府，不过要保护各省陈腐的特权，实在说起来，他们明明反对专制。到了这个时候，他们明知道不但有无数弊政应该革除，就是君主专制的权力，也应该尽力地限制，因为朝廷的大臣，岂不是想用君主的命令废止监督君主的机关，以便变更国家的全部组织么？所以双方争执之点，最初虽在保护省权，实在关系国家的根本。

三

自从法王决定召集全级会议以后，国内的小册书籍，当然是日兴月盛，到一七八八年的下季，出版尤多。这种小册子的作用，同现在新闻纸里面的社论差不多，有的虽讨论代表人数的问题同国会里面表决的方法，但是也很有讨论全级会议应做的事业的。Siéyès 所著的那本书是很有名的，他始终在国民议会里面占一个重要的位置。另外有本不署名的小册子，在"网球场誓言"一年前出版，将编订宪法的必要说得异常明白。有人说这本书就是后来六月二十日以前国民议会里面最激烈的分子 Rabaut St. Etienne 所著的。这本书里面说：

> 假使你这种专制政府继续存在；假使你暂时信任的朝廷大臣，仍旧能够推翻建设的秩序，变更或者废止他们先人所定的法律同规则；那么你要想改革弊政，改良你自己的地位，都是无益的而且没有结果。

关于良好宪法的原理，他虽然常提起瑞士同美国的宪法，但是他显然承认英国的是一个最好的模范。他说：宪法里面应该规定一个两院制的立法机关、政权分立、责任内阁、生命财产的保障、出版的自由，等等——他这种计划，显然大部分从 Montesquieu 那部《法意》里面得来。但是我对于当时的小册子，研究了一下，上面所说的那本书好像是例外的。Sorel 曾经说过："法国人希望民权的自由，比希望政治的自由急切多了。"所以当时所有的著作，大部分多讨论财政的压迫，同社会的同经济的流弊，对于政治的同宪法的改革，并不十分注意。

在人民《陈情表》里面，也显然有同样的倾向，这种东西，本来是一种民间疾苦同提议改革的说明书，习惯上由各选举区的贵族或教士，及各城同各乡的平民提出来，所有的《陈情表》里面差不多都有一种限制君权的趋向。我们随便举一个例，就有某地教士团所提出一篇《陈情表》，第一条就是"国家的根本法，不应该根据不一定的和不明了的习惯，应该根据强固的基础——就是公平同人民的公善"。这篇《陈情表》并说全级会议什么事也不能做，"除非国民的权利，已经郑重地承认了而且决定了。关于这种权利，应该有一种宪章，将它们正式地而且不变地规定下来"。这几句话很是模糊，在当时所有的《陈情表》里面，可以代表一般最低限的要求。当时人好像都觉得宪法编订以后，将国会的会期规定下来，人民的权利同自由才有稳固的希望。假使个人的权利都明白规定而且郑重地不变地写下来，那么人民参与立法的权力可以限制政府的压迫。当时以为这种办法，并不包括一种根本的革新。就事实说起来，有几种贵族的《陈情表》里面，也希望能够将他们的特权明白规定下来，他们以为特权就是"根本法"。以为特权规定以后，将来不会再有人提出问题了。Taine 以为当时一般贵族都说法国已经有一种宪法，但是他这句话虽然有几处有帮助这个见解的地方，在当时《陈情表》里面，并没有多大的凭据。

有几城的《陈情表》对于维持身体同财产权利的保障，说得比较的明白，如 Lyons 城司法区域的《陈情表》里面说：

> 因为专制的权力为国家祸患的泉源，所以我们第一个希望，就是建设一种真正国家的宪法，将国民的权利明定下来，而且规定法律去维持它们。所以我们的表应该请求全级会议议决君主裁可一种纯粹的宪法，宪法的最主要的目的应该如下：（共有十四条，最后并说明）既然无论哪个社会，假使没有好宪法，就没有快乐的希望，那么 Lyonnais 省希望它的代表在全级会议没有编订宪法以前，不要讨论旁的事情。

在各种《陈情表》里面，我们可以看出两种不同的要求，自然而然地不知不觉地混合起来：第一，就是在所有政府各部同公共秩序里面，应该有一种不变的规则；第二，就是有一种永久保持王权同国民权利的法国宪章。"国民权利"这四个字，屡次提及，有时并且同君权二字相提并论。但是无论如何，国民权利并没有一定的历史根据。难道有了社会个人权利以后，就可以永远抵制君主专制的流弊同侵犯么？假使国民的权利同"民约的原理"，明白郑重地宣布出来，那么法国的政府就可以有一种根据了。Nantes 同 Meulan 两地方贵族的主张，还要进一步，他们说："政治的原理应该同道德的原理一样，是绝对的东西"；所以他们要求"一种'权利宣言'。所谓'权利宣言'就是由国民代表以国民的名义提出一种议案，将有理性的、有知识的而且有道德观念的人类权利，宣布出来——这种权利实在是各种社会制度成立以前就有的"。

关于人权宣言，以 Nemours 地方第三级人民《陈情表》里面所要求的为最激烈，他们要求法王当全级会议规定人类同公民天然的同社会的权利以后，应该立刻颁布一种宣言书。这种宣言书，应该在全国司法机关里注册；应该在全国教堂里面每年张贴几回；而且应该插入所有儿童的书籍里面。凡做司法官同行政官的人，都要能够记得那篇宣言。而且这篇《陈情表》里面，同其他一样，包括巴黎《陈情表》在内，并预备了一篇精密的权利宣言的底稿。

最后的这篇《陈情表》编订得最迟，到五月五日全级会议开会时才做成。编订这篇《陈情表》的委员会里面很有几个名人。他们讨论的结果，就是在国民议会编订宪法以前一种最完备的宪法计划。这篇《陈情表》的第一部，是关于宪法方面的文章，而且"明白禁止巴黎代表于国民权利宣言没有规定，宪法的根基没有订明同稳固以前，不得允许政府一种补助费或国债"。在宪法原稿前面有一篇权利的宣言，同后来国民议会所议决的一样，"这篇权利宣言，应该成一篇国民的宪章同法国政府的根本"。我所看过的当时的《陈情表》，对于权利宣言为宪法必要的一部分这个观念，恐怕要算 Nemours 的这篇《陈情表》里面说得最明白了。不但后来国民议会于编订宪法以前果然编订一篇《人权同公民权利宣言》，而且后来那篇宣言里面同这篇《陈情表》里面所说的异常相仿。我们看看一七九一年法国的宪法，就可以知道那篇《陈情表》所提的宪法条文的重要。里面有几条如下：

法国王国之内，立法权属于国民与君王，行政权单属于君主一人。

全级会议除非常会议以外，每三年应召集一次。闭会时应申明下次开会之日期与地点。

无论何人，凡犯阻止全级会议开会之罪时，即以叛徒论，犯叛国之罪。

凡当全级会议不开会时，政府只能颁发临时规则，为实行上届全级会议议决案之用，此种规则除非得下届全级会议之通过，否则不得成为法律。

此外还有许多例，可以说明《陈情表》的计划同后来宪法相同的地方。那篇《陈情表》并且说明现在全级会议根据上述原理所订的宪法，应该成为国民的资产，而且除国民或全体国民为修改宪法而选举的代表以外，不得随便变更它。

要说明法国人的深信权利宣言，并不困难。法国一般国民对于重新改造政府的大困难，原来并没有想到，他们很少知道宪法编订之后，一定是一篇很长的法律文字。至于法国人民虽然希望有一种根本上的改革，但是对于复杂的政制，并不十分注意。他们最所希望的，就是民权。至于参政权，他们并不十分急切，只要能够限制旧制的复活就罢了。他们所知道的不过两三件事：就是君主同官吏的滥用公帑，以致国家的财政异常的困难；朝廷官吏近来想武断地废止一个古的而且大体得民心的机关高等法院，以便巩固他们的专制同推翻宪法的保障；有几种政府的行为，显然是侵犯人类最显著的权利；最后，旧制的杂乱，足以阻止商工业而且使没有读过 Rousseau 的著作同 Massachusetts 的宪法的人，亦明了当时的弊政。La Rochelle 地方的贵族，对于全国国民要求编订宪法同担保权利的理由，说得异常明白：

> 我们觉得国家的各种赋税，强夺人民的财产；各种专卖的事业，阻止国民的活动；政府的拘人密诏，剥夺人民的自由，使有罪的变成无罪的，无罪的倒变成有罪的；各种特派的机关，停止法律而且推翻法院；所有国务大臣，都是变更从前的办法。

照上面所说的看起来，Champion 所说的话是对的：

> 古代的精神，喜欢空想同旧制，或者有影响于某种《陈情表》的编订。但是编订宪法这个观念，并不是从哲学或高尚理想

而来，实在是从当时国民疾苦出来的。即使没有《民约论》，这种违法观念也不能不被当时的时势逼迫出来。这种要求很可以用当时王国的状况——实在很混乱——去说明它，我们为什么要加一种恶意在这种要求之上呢？

法国人早已知道他们政府的腐败，很想限制君主的权利来巩固他们的自由。他们的心理自然想到一种成文的规定，能够将国家的主要根本法明定下来。当时法国人一定要想有一篇权利宣言。可见当时法国人的心目中，只要有一种英国式的宪章就罢了，并不一定要像一七九一年所订的那样精密的宪法。Mirabeau 曾经说过："现在大家都知道法国国民已经预备革命了。这个革命刚才实行，并不是一般国民的知识增高了，实在因为他们对于当时的流弊同政府的腐败有一种觉悟。人人知道什么东西应该破坏下去，但是没有一个人知道什么东西应该建设起来。"

四

我们既然明白一七八八年的危机，同各种《陈情表》所表示的精神，就可以完全明白国民议会的态度了。一七八九年六月十七日，第三级人民曾经宣言他们的使命，在于决定国家刷新的原理。七月九日宪法委员会行第一次的报告，将宪法同权利的宣言分别得很清楚。报告书里面说：要编一种好宪法，"我们不能不承认天然公正给予个人的权利，而且不能不注意所有为各种社会根据的原理"。委员会并主张要使大家不忘记宪法的目的，宪法前面应该有一篇人权宣言，不过这篇宣言不应该同宪法分开颁发。因为恐怕没有宪法的实在条文附在后面，宣言书的条文未免太空泛了。

照上面所说的看起来，可见当时不能不编一篇人类宣言去应付一般的要求，所以当时代表里面很少不赞成的。到了八月四日国民议会里面几乎全体一致地议决宪法前面应有一篇权利宣言，关于权利宣言内容的讨论，此地可以不说。到了八月二十六日，那篇宣言居然编好了，差不多费了那个议会十四天的工夫。你说这种时间是空费的么？或者比空费还要无益么？难道代表专门去研究模糊的而且误人的空理，牺牲了国家的利害，使国家的祸患反而增加么？或者难道宣言的原理，就全部看起来，是完全的而且普遍的，不是理想地根据多年国民的经验为将来订革的适当计划么？

我们回答这几个问题，不能不将那篇宣言再读一下——这是短而且教训的：

法国国民的代表，组成一个国民议会，深信人类权利的不识、轻忽或藐视，是国家灾害同政府腐败的原因，所以决定将人类天然的、固有的同神圣的权利，在郑重的宣言书里面条列出来。目的在于使社会里的人，常常看见这篇宣言，能够常常记得他们的权利同义务；使立法机关的行为同行政机关的行为，随时可以同各种政治制度的目的比较一下，令人家格外地尊重；而且最后，使公民所受的痛苦，以后根据简单的不变的原理去维持宪法，获得大众的快乐；所以国民议会在尊神面前，并受他的庇荫，承认而且宣布人类的同公民的权利如下：

第一条　人类生而自由，而且永远自由，并且权利上平等。社会的阶级，只能以公善为根据。

第二条　所有政治集合的目的在于保存人类天然的同不变的权利。这种权利，就是自由、财产同抵抗压迫。

第三条　所有统治权的精神，实在属于国民的全体。无论哪种团体同个人，除非直接受国民的委托，不能运用职权。

第四条　自由包括不害他人的自由行动，所以个人运用天然权利的时候，除了担保社会里其余的人享同等权利之外，没有限制。这种限制，唯有法律可以去决定它们。

第五条　法律只能禁止有害于社会的行动。凡法律所不禁止的，不能阻止人家去做；凡法律所没有规定的，不能强迫人家去做。

第六条　法律是公意的表示。所有公民都有亲身或派代表参与立法的权利。无论法律是保护的或惩办的，对于全体公民必须一样。所有公民既然法律平等，除了道德同才能以外，就该一律根据他们的能力而且没有阶级的界限有充当所有显职同官吏同经营各种事业的权利。

第七条　无论何人，除犯案同依照法律规定的手续外，不能被控、被逮或被拘。无论何人，请求、传达、执行或主使执行非法命令，都应惩办。但是无论何人根据法律被传或被捕时，应该立刻到案；因为抵抗，就成犯罪。

第八条　法律只能规定绝对的而且显然必要的刑罚；无论何人，除根据犯罪以前所通过的同宣布的法律处以刑罚外，不能受罚。

第九条　无论何人，除非宣布有罪，否则都以无罪论，假使以为不能不逮捕时，于保管罪人身体的必要以外，所有严厉的方法都应严厉地禁止。

第十条　无论何人，不得因为他的意见，宗教意见包括在内，受他人的干涉，但以意见的发表没有扰乱法定的秩序为条件。

第十一条　思想同意见的自由交换，为人类最可宝贵的一种权利。所以无论何人，可以自由言论、著作同印刷，不过对于法律规定的滥用自由，应该负责。

第十二条　人类同公民权利的担保，不能不需公共的军队。所以这种军队，应该为公众的利益，不应该为管理军队的个人利益而设立。

第十三条　全国国民必须供给经费为维持军队及政费之用，这种经费应该依照公民财力平均分配。

第十四条　所有公民都有亲身或派代表议决供给经费的必要之权利，可以自由允许，可以知道用途，而且可以规定数目的多寡，摊分同征收的方法，同征税期限的长短。

第十五条　社会有要求各官吏对于行政负责的权利。

第十六条　一个社会，假使不能遵守法律或不明定政权和分立，就是完全没有宪法了。

第十七条　既然财产是一种不可侵犯的而且神圣的权利，那么除非法律上决定显然有公共必要时，无论何人的财产，不得被人剥夺；即使有必要时，还以事先应该给产主一种相当的赔偿为条件。

上面所说的一七八九年的原理，岂不是可以代表现在欧洲各国政府的最普通原理么？但是在十八世纪时所有欧洲的政府，除了英国以外，差不多都是不注意它们的。Seignobos 曾经说过："当法国人在十八世纪注意各种政治问题的时候，他觉得四周围大部分的制度，都有违反理想同人道的流弊。"我们现在对于《人权宣言》，假使不受那种随便的反对的批评家同当时国民议会里面 Siéyès 这班人讨论——这种讨论的无益，实在是近世国会中所少见的——的影响，我们岂不就要知道这篇宣言是一篇改革腐败政治的名贵简单的抗议么？岂不是每条里面都有一种多年的疾苦隐在那里，国民都希望一种完全宪法的担保么？

这篇宣言，显然是折中各种《陈情表》的结果，而且反照《陈情表》复杂的内容。有的要先列举人类的权利，才可以在社会里面做人；有的以为"民约"成立以后，才可以有权利；有的以为只要将普通原理同改革当时制度有关系的规定下来就好了。照事实上看起来，好像最后这个意见，始终胜利。当议会里面讨论的时候，主张最后这个意见的，虽然不能同那班专讲理论的人那样出色，但是最后那篇底稿比从前的好，我们不能不归功议会里面那班人的常识，能够将疯狂代表的空论抑制下去。

我们此地应该注意的就是：在一七九一年宪法里面这篇《人权宣言》之后，就随以一种明白的废止，废了许多旧制中最大的流弊，再下就是一篇以宪法作担保的天然的同民法的权利。

Mirabeau 以为这篇宣言在理论上实在"是一种普通原理的说明，对于各种社会同各种政体都是可以适用的"。但是要为当时将倒的政治组织起见，预备一篇说明这种原理的文章，不能不将这种原理屈伏或适合于"许多地方的状况"。他说这篇宣言的目的，不是教国民记得一种书本和理想的学说，但是教他们记得他们自己所经验过的东西，所以政治机关所不能离的《人权宣言》，应该是一种自然而然的观念的表示，并不是教人家一种科学。

他说这就是我们应该最要辨别的地方。既然自由绝不是一种从哲学演绎而来的理想的结果，实在是由平日经验同事情激起的论理而来，那么我们应该愈明了这种论理，我们愈可以知道自由的意义。……这就是美国人编订权利宣言的方法。他们故意将理想放在一方面，将政治的真理说明了，使国民可以明白自由这个东西，唯有国民看得很重，也唯有国民能够维持他。

【注释】

〔1〕见所著《法国革命史》，自一七八九年至一八八九年，第一页。

〔2〕见 T. Cerfberr 所著《法国一七〇九年后之社会的同知识的运动》，第一一三页。

〔3〕法国革命中之激烈党人，一七五五年生，一七九四年被杀。

〔4〕法国革命中之激烈党人，一七五五年生，为提倡崇拜真理之一人。一七九四年被杀。

〔5〕法国人，一七五七年生，一八三四年卒。一七七七年曾躬与美国独立战争。一七八九年法国革命时，任护国军统领。迨恐怖时代逃亡在外。一八三〇年，再与法国革命之役，并再任护国军统领云。

〔6〕法国人，一七六二年生，一七九四年卒。先主激烈，后主温和，遂为 Robespierre 所杀。

〔7〕古代雅典之民党首领，于纪元前四二二年为斯巴达将 Brasidas 所败，阵亡。

〔8〕古代斯巴达名将，在南希腊战争中，颇著战功。纪元前四二二年卒。

〔9〕古代雅典名将，反对 Alcibiades 远征 Sicily 政策。

〔10〕古代雅典喜剧家，著有戏剧五十四本。纪元前三八四年卒。

〔11〕法国之经济学者，一八〇五年生，一八六一年卒。著有《美国之民主》及《旧制与革命》。

〔12〕见第一篇《新史学》注〔24〕。

〔13〕法国之批评家同历史家，一八二八年生，一八九三年卒。

〔14〕英国人，现任美国 California 大学历史教授。著有《法国革命史》，极有名。

〔15〕见第三篇《历史的新同盟》注〔14〕。

〔16〕Marie Antoinette 之挚友，系荡妇。一七四八年生，一七九二年"九月杀戮"中被杀。

〔17〕见第一篇《新史学》注〔41〕。

〔18〕革命中之女英雄，一七六八年生，一七九三年因痛恨 Jacobin 党人之残酷，刺死 Marat，乃被捕死。

〔19〕革命中之激烈党人，一七六七年生，为 Robespierre 之同志。一七九四年被杀。

〔20〕一七八九年七月十四日。

〔21〕见第一篇《新史学》注〔40〕。

〔22〕英之哲学家，一七二九年生。著有《法国革命之回顾》一书，甚著名。一七九七年卒。

〔23〕希腊风神。

〔24〕德国历史家，一八一七年生，一八九五年卒。曾受业于 Ranke，任 Munich 及 Bonn 两大学历史教授。著有《法国革命史》，自一七八九年至一八〇〇年，五卷；《William》；《第一时代德意志帝国建设史》，五卷；《第一次十字军史》，一卷。

〔25〕Brittany 高等法院之抗议，一七七一年七月。

〔26〕见 Flammermont 所著《抗议汇篇》第一卷，第八八页。

〔27〕一七六三年六月之抗议。

〔28〕见 Flammermont《抗议汇篇》第一卷，第五二一页。

〔29〕法国政治家，一七二七年生，一七八一年卒。

〔30〕法国著作家，一七〇九年生，一七八五年卒。

〔31〕法国哲学家，一七四三年生，一七九四年卒。

八、史光下的守旧精神

一

人类开始有历史，已经很长久了，当时的人类，不过是非洲森林里面像人猿中的一种，能够用两只后腿走路，两只前腿慢慢地变成有用的臂同手了。这个新动物有一个好大脑袋，慢慢地有一种趋向去利用他的手做许多新的事。他偶然将火石投入火中，他看出火石裂开几片为雕刮之用，这或者就是他第一回发明的器具。他的形状怎样——究竟是不是同现在的似人猿一样，遍身生毛，卧在树上——我们无法去断定他。据法国的古物学者 de Mortillet 揣测在河边堆积物里面发现的最古石器可以追溯到二十四万年之久。假使我们再加以二十五万年的旧石器时代，那么我们可以断定世界上的人类至今至少应该有五十万年。[1] 我以为虽然我们不能确实断定它果然是五十万年，但是对于生物学同古物学有研究的人，断不会将这个时期减短。我们假使将各种岩穴里面的遗迹研究一下，就可以知道古代的人类除了斫削石器，各种石器形式的不同同骨器的装饰外，没有什么进步。一直到了一万年以前的时候，所谓新石器时代，人类才有陶器、农业同居宅。北美的原人在十五世纪的时候欧洲人前往时，还是在新石器时代里面。

这种关于人类过去的事实，统是近来的发现，所以他们到如今还没有将我们的思想根本革命一下。Lyell[2] 最有名的《古代人类》（*The Antiquity of Man*）那部书在一八六三年出版，第一次将人类很古这个学说发表出来。虽然从前 Augustine 因为要维持犹太的先知者所说的话，所以一定要反对几个说谎的人所说，埃及人考察天文已经有十万年之久那句话。他说上帝造人类，离今不到六千年，埃及人考察天文，怎样会有十万年之久呢?[3] 他这个计算，从来到了 Cromwell 时代有一个大主教 Usher[4] 将它减少了。他说人类同动物的造成，是在纪元前四千零四年十月二十八日礼拜五那一天。因为 Adam 虽然一点经验也没有，上帝叫他来计划了一部完全的动物名词。那天没有过去，上帝又造了一个 Eve 来安慰 Adam 的寂寞，两人的结婚那件事体为第一个礼拜最后的举动。他这种话很有几个哲学家同科学家怀疑他，但是十七世纪的新教徒因为他说得确凿倒很相信他。后来 Darwin[5]、Lyell Huxley[6] 同一班人类学家出来，才将我们历史的配景根本变更了，到如今不过五十年。

我们要明白人类很古的学说影响于我们的地位，影响于我们同过去的关系，同影响于我们对于将来的希望。我们可以借一个很好的方法来说明近世历史的配景。我们假定将人类的全部历史归入十二小时里面，我们假定住在正午的时候。假定人类的历史，为便利起见，少算一点，定为二十四万年。那么每一小时代表二万年。每分钟代表三百三十三年又四个月。过了十一点三十分，一点记载也没有。我们不知道那时候有什么人和什么事，我们只能推想那时候地球上是有人的，因为我们现在寻出他们的石器，同巨象同野牛的图画，到了十一点四十分的时候，埃及同巴比伦文化的遗迹才发见。希腊的文学、哲学同科学，我们习惯上所指为"古人"的，到如今不过七分钟。Bacon 著《学问之进步》的时候，离今不过一分钟。人类发明蒸汽机，离今不过半分钟。我以为这种说法，并没有幻想的地方。因为这种说法比较全身的画容易对付同思索，全身的画往往超出我们经验之外，所以我们不容易领会它。

照上面所说的看起来，我们可以得着两个显然的断语。第一，就是我们所谓古人，Thales、Pythagoras、Socrates、Plato、Aristotle、Hipparchus、Lucretius 实在是我们同时代的人。他们在 Usher 眼中看起来无论怎么远，他们现在总是同我们同时的了。我们没有理由可以说他们的心理比我们坏，或者比我们好。只有知识方面稍有不同，因为自从他们以来知识是常常增加的。第二，我们可以明白人类的进步，最初非常的慢，差不多过了几万年看不出来的，到了后来，一天加快一天，我们的祖先，堆积层里面的人，用一种石器叫做拳斧用到十万年之久，也许很满意了。Sir John Lubbock 推测这种拳斧用途的广大，同现在小孩所用的折刀差不多。到了后来，他们慢慢地知道制造刮刀、叉子、箭头、叉头同石骨的粗针。但是我们到了十一点半的时候才发明陶器，而且变为游牧的民族。至于用铜用铁远要来得迟一点，而铜器时代的人对于石斧，远存有一种诚敬的心思，一班僧侣好像还用它来宰牺牲。

能够自由利用心力的人，我们所知道的，要以希腊人为第一。希腊人能够表示人类知识的能力在伦理学、哲学、论理学同数学各种学问里面。但是他们对于周围普通事物的重要，大部分并不注意。Aristotle 好像以为所有实用的艺术都已经发见出来了。他以为这种艺术应该让奴隶去做的，至于哲学家应该专门研究理想生活上的观念——就是善、真、美。在那 Alexandria 地方，我们所谓应用的科举虽然有点进步，但是当时的状况实在不便利。人类应付需要的方法，罗马时代也并没有比 Aristotle 集希腊思想大成以前好得多。教会里面的神父 Jerome[7]、Augustine、Ambrose[8] 这班人，虽然没有说物质的东西绝对是坏的，但是至少他们对于物质的东西总是不注意。他们所注意的就是灵魂同上帝的关系，这种关系，超出于知识之上。同时新 Plato 学派[9]里面的人，主张最高的真理是从先觉而来。理想所能发现的，最好不过是无关紧要的东西。当时新 Plato 学派里面的人同基督教徒，专门研究神迹同种种魔术同神术，来增进人类宗教的兴味，绝对不去研究上帝所造的世界。这就是中古时代初年的遗产。大部分神父时代的学说，都忘记了，教科书里面留下一点一知半解的而且杂乱谬误的希腊知识，以为天然的世界最好不过是一种大比喻。所有矿物都有一种德性同魔力，同化学物理无关。以狮子的习惯来比耶稣的死而复生；以鹈鹕的习惯来比我们的依赖过去。自从 Aristotle 的学说在十三世纪各大学里面复兴以后，而且被 Dominic 派修道士 Albert the Great[10] 同 Thomas Aquinas[11] 加以解释以后，对于天然的研究，同应用知识来增进人类的物质安宁，反生出一层障碍。所有他的谬误同后人的误解，从此统变为神圣不可侵犯的东西。

Roger Bacon 据我们所知道的，是第一个表示深信实验科学的将来的人。他说当时的大学与其咬文嚼字地去研究 Aristotle 的拉丁文译本，不如将所有他的著作毁灭了的好。他说，Aristotle 固然知道许多东西，但是最多他不过种了一根知识的树，有许多枝叶远没有发生出来。"假使我们人类能继续无限地生存下去，我们断不能希望达到关于所有可以知道的完全无缺的知识"。他还说，有知识的科学家应该明白农夫老妇所知道的简单朴野的东西。Roger Bacon 生于六百年以前，虽然有许多地方是一个当时的牺牲，第二次说明人类快乐的希望，在于研究普通物质的东西。他说将来实验科学能够使人类可以不用橹桨去摇船，可以不用动物去拖车而且很快，可以发明飞机同鸟一样在空中航行，可以造桥不用支柱跨在河上。

他说这种试验的而且看起来好像幻想的话的时候，离今不过两分钟。离今一分钟的时候，才有人听他的话。新教徒领袖的心中并没有什么我们所谓进步的观念。Luther 以为理想是一种"美貌的淫妇"，可以蒙蔽我们不明了上帝在《圣经》里面所表示的真理。Melanchthon[12] 曾经很热心地校订一部古代星占学。Calvin[13] 说人类的天性本来是很坏的、很腐败的，绝对没有改良的希望。但是离今一分钟的时候，有 Pomponazzi[14]、Giordano Bruno[15]、Francis Bacon 同 Descartes[16] 这班人，开始将中古时代学校哲学家那种从 Aristotle 得来的哲学推翻了。他们一面极力主张利用理想，一面痛骂盲从古人。

Descartes 在他那部千古不刊的《求真方法》（*the Method of Seeking Truth*）后面说，他著这部书所以不用他的先生所用的拉丁文而用法文的缘故，就是因为他希望读者能够用他自己的脑筋，不去依赖古人的书籍。从前 Bacon 所著最有名的《学问之进步》也是用英文著的，他年老时候所著的《新论理学》是用拉丁文的。在这两部书里面，他研究什么他所谓"人类界"，Augustine 只知道有神界、有鬼界。Bacon 首先将实验科学的希望用英文传播得很广。他说：

> 古人是值得尊重的，我们人类应该根据他们去发见最好的方法，但是既然发见以后，就应该设法前进。……这种时代就是古代，因为当时世界本来是古的，并不是由我们自己向后计算起来才算是古的。……
>
> 还有一个谬误，同上面所说的差不多，就是一种幻想，以为古人的意见同派别经过类别同研究之后仍旧存在，其余的都压制下去：所以假使有人要想从事于新的研究，往往遇到从前所反对的东西，因为大家反对了，那种东西就慢慢地消灭了。好像大家，或者最聪明的人，对于浮面的东西，许它通过了，而对于实在的精深的东西，反去阻止它：因为实在说起来，时间这样东西，好像是一条河流，将轻的浮的东西带下来，重的实的都沉下去。……
>
> 还有一种谬误，就是普通太尊重自己的心理同明了人类，往往不愿意去研究天然，或观察、经验；他们专门在他们自己的思想里面翻来覆去。对于这班普通以为最高尚最神圣的哲学家，Heraclitus 曾经说过一句很公平的话："人类往往不在大的而且普通世界里面求真理，偏要在他们自己那个小世界里面求真理。"因为他们不愿意去读上帝事业那一卷书。……
>
> 但是最大的谬误，就是将知识最后的目的放错了。因为有许多人希望获得学问同知识，有时根据他们的好奇心同好问的胃口；有的为娱乐自己的心理；有的为装饰同名誉；有的为可以用智慧

去战胜人家。而大部分为可以获得利益：难得有人能够为人类的利益同效用起见，去利用天赋的理想，好像在知识里面寻一张卧床，为休养研究的同不停的精神之用……或者好像一个商店，为卖买谋利的地方；并不是一个增进人类幸福发扬上帝荣耀的栈房。[17]

Bacon 将人类崇古根据误会的地方，明明白白地指点出来，隐隐之中摇动了我们崇古的习惯。古人既然生在我们之前，当然不能希望他们来做我们知识同经验的先觉。Bacon 的意思，很愿当时大家不再去崇拜 Aristotle 这班人；不再在他们自己那种哲学思想里面翻来覆去，应该去研究四周围世界上真正的东西。要研究这种东西的理由，就是希望增进人类的幸福。Bacon 同 More 一样，也著过一部乌托邦（Utopia）式作品，书名 *The New Atlantis*。他那个乌托邦里面，有个中心的机关，就是一个国立的科学院，在科学院里面做了种种的实验，以发明增进人类幸福的方法为目的。后人很有批评 Bacon 的，以为他对于科学并没有什么真正的贡献。[18] 这种批评许是对的，但是我们要知道他的地位是一个文化的传令者。他是一个吹号的人，宣布东方已明了。

Bacon 所著的《学问之进步》这部书，一六一五年方出版。我们可以说人类可用自己的力量去求进步的学说，从少数思想家心中露出的时候，到如今不过三百年。这种观念能够普及于社会，Bacon 的功劳最大——这个观念，关于人类将来之远大，是人类史里面最重要的一个观念了。

人类故意进步这个观念，不但是很新，而且只能在一种动的社会环境里面，而且同历史配景的发生同时发达的。希腊的思想家，并没有这种观念。Herodotus 虽然知道希腊的文化源于埃及，Plato 也常常提到埃及二字，但是他们始终没有明白什么是我们所谓进步。Aristotle 虽然知道希腊自从 Ionian 派以来哲学发达的情形，但是他始终没有表示他曾想到人类能够无限地去发明真理，而且他也并没有 Bacon 的兴味去看天然科学的结果，可以应用起来去增进人类的幸福。Lucretius[19]是一个 Cicero 时候的 Epicurean 派哲学家，虽然想到人类有个石器时代、铜器时代、铁器时代，但是他的哲学并不是进步的哲学。假使人类看出宇宙是一种原子偶然结合的结果，有一定的种类，根据一定的公律，他们当然可以明白宇宙。但是 Lucretius 以为明白了宇宙无非废止畏神同畏死。他始终在他的机械的宇宙里面，没有发明人类进步这件东西。他以为有一种退化进来，预告宇宙的将来必有完全瓦解的一日。总而言之，希腊、罗马的哲学家同中古时代的神学家一样，都以为文化是一种不变的停顿的东西。

Augustine 同他的弟子 Orosius 给历史一个新背景，以为从 Eden 花园一直到 Alaric 陷落罗马城止，所有历史，无非说明上帝同人类的关系。但是他们不但对于最古的人类史同过去的进化并不知道，就是将来的改良，他们也绝对没有见到。因为在当时的基督教徒的眼中，没有一件世俗的改良，可以同死后那件事来得重要——到那时无论何人，总要永上天堂，或者永入地狱。所以在十七世纪以前欧洲人所竞胜的，就是竭力去达到过去所定的标准。无论何种制度同信仰，只要经过长久的时间，就成为神圣不可侵犯的东西。现在的东西能够同过去的一样好，那就运气极了。自从 Bruno 同 Bacon 这班人出来以后，虽然有那班自以为保护上帝的处置，来反对不信宗教者、自由思想家同唯理派学者，但师说同习惯的力量慢慢地衰落下去了。

打破崇古观念的进行，想想它的新奇同激烈，实在异常的快，到了十八世纪尤其利害，意大利在法学家 Beccaria[20]主张修改残酷的刑律时候，就知道一班守旧的人一定要说他想废止的习惯是古代传下来的。他请他们记得过去这样东西，始终是一个谬误的大海洋，偶然露出一点真理来。当法国革命的初年，在一种最不利的状况之下，Condorcet[21]曾经有一篇很有名的文章，说明人类的进步是无穷的。他想将人类趋向真理同快乐的步骤说得异常明白。他说：

　　这种关于过去人类同现代人类的观察，可以引出确定新进步同调和新进步的方法，这种进步仍旧可以希望继续的，这就是我的工作的目的，他的结果要根据理想同事实来证明人类能力的完成是无止境的，人类的完成是真正无穷的，这种完成的进步，既然离开所有阻力而独立，除地球不能永续以外，没有止境的。

使人类的眼光从过去转向将来那种学说，自十九世纪科学发明以后，力量益厚。第一，科学的发见能够证明人类对于世界同自己地位的知识，比从前大有增加；第二，人类如此地应用他的知识，所以使古代制造、运输同交通的方法，显出粗笨陈旧的样子；第三，Darwin、Lyell、Boucher de Perthes[22]、Huxley、G. de Mortillet、Haeckel[23]同其余的一班人，主张未有记载以前，人类已经证明自己有进步的能力。他们以为人类不但可以由野蛮进于文明，而且能够从动物变为人类。人类的祖先不但是用四足走路同动物同处，而且Darwin推测人类的祖先或者住在水中的一种还没有脊骨的蝌蚪。Roger Bacon、Francis Bacon、Descartes、Beccaria、Condorcet 这班人，竭力主张人类的知识是可以无限地增加，而且可以利用他们的知识同排除旧日的成见同习惯来增进自己的无穷幸福。十九世纪这一百年，已经证明人类知识果然可以无穷地增加；人类的状况，果然可以无穷地改良。但是我们要知道十八世纪以前的人类进步，完全是不知不觉的。到了现在，第一回，进步这样东西，才变成一种声明的希望的目的。所以在十二小时里面无论人类有什么进步，但是到了十一点五十九分的时候，人类才来希望进步。到了现在，人类才知道他能够故意进步的，而且是果然进步的。这件事，照我看来，要算是历史上一种最有关系的教训，也是一种照在我们行动上的最重要的光明。

二

假使我们所谓社会改良，大部分思想家以为是人生里面一件最有关系的事情，那么历史的最高价值，岂不是就在于能够给我们一种进步的技术么？岂不是我们应该特别注意历史上可以说明人类进步方面的事实么？历史这个东西，自古以来就被一班守旧的人利用起来，去证实他们的主张，至于维新的人往往不注意历史，或者以为这是守旧的人的利器，就抛弃它不用。就是到了现在，维新的人还没有明白看出来历史对于他们，实在是很有价值的。实在说起来，历史是维新的人的武器，他应该从守旧派的手里夺过来的。历史这样东西，百年来得着一个很尖利的刀锋。我这篇文章的目的，就是要说明如何去利用历史来打败守旧派。

我所知道的，普通对于守旧同维新两种性质，并没有加以满意地解剖。普通以为所有男女，生下来就有守旧的同维新的区别，而且就我们动物本身看起来，我们的勇敢、力量同希望，当然大不相同。但是据我看起来，最维新的人同最野蛮的人的区别，完全以教育为中介。即使近日绝种的 Tasmania 地方的土人，虽然还在旧石器时代，他们的文化已经经过多年的发达才有这种结果。现在没有受过教育的欧洲人，甚至于造句的能力同用贝壳削木棍的能力也没有。照这样看起来，大部分所谓守旧同维新，可以说是广义教育的结果，包括人类自小同文明人接近所得的一切东西。我以为近世的人类学家同心理学家一定赞成这一点。至少，自由研究这个问题的人，一定承认什么所谓天性这样东西，大部分实在是教育——直接的同间接的，有意的或者大部分无意的。

现在守旧的人，常常反对改革的举动，以为改革的举动，包括一种人类天性的变更。他们自己以为很懂得人类天性的特点，而且以为人类的天性既然不能变更，那么改革的事业显然不能实行。这些话Montaigne[24] 曾经驳过。他说我们假使看看宏大的同光明的天然，可以看出天然界中有一种普通的永久的复杂，所以我们个人或甚至人类全体在天然界里面，比较起来，不过一个针头。但是现在我们有一种新的理由可以引用了。无论现在动物学家对于特性遗传的学说赞成与否，我们没有理由可以断定文化的分子一点一点走进我们的血里来。文化这样东西，或者由模仿而来，或由教育而来，假使没有模仿同教育，文化就要消灭了。我们虽然将我们父母、祖父母同祖先的倾向传留下来，但是除了模仿或争胜以外，那种倾向在我们的身体机能上，断不能生出什么影响来。可见维新的人要想改革的，同守旧的人要想保护的东西，并不是人类天性的特点，实在是人类教育的人为结果。所以人类学家同历史家对于守旧党的人类天性这句话，可以将它根本推翻。只要同他们说人类的习惯、制度同感情，始终是复杂的，而且研究胚胎学的人可以证明守旧的人误以为永久不变的天性，实在是人力得来同不能遗传的东西，而且我们假使能够证明像蝌蚪的无脊椎的水虫可以变成卧在树上的似像人猿的动物，似像人猿的动物可以变成削石的工匠，能够在石洞墙上画牛鹿的像，从削石的匠变成了一个 Plato 能够说明石洞中充满了守旧的人那段故事，那么人类天性是固定的这句话，能不能成立呢？

就科学的同历史的方面说起来，我们虽然不能说某时代人类的行动同思想，可以代表人类天性平常的同不变的原理，不过历史同人类学统来证明前代是有功于后代。就是在最进步的社会里面也是如此。而且我们有理由可以断定，假使人类的环境没有什么变化，而且没有人去扰乱他们，人类的文化也就可以永不变动。我们上面曾经说过，进步思想的发生于少数思想家的脑中如此的迟，人类的习惯，同制度、同知识的性质同范围，五十年间的变化，同数千万年积成的遗产比较起来，当然是很慢的。我们想将我们依赖古人的性质同种类弄得明白，只要想一想我们的语言、文字、法律以及政治的和社会的制度，我们的知识同教育、我们对于这个世界同将来世界的见解、我们的嗜好同满足嗜好的方法，等等就行了。原来各方面都有一种过去的势力来限制我们，我们自己并不觉得，而且也并不反对。可见我们大部分愿意做过去的奴隶。大多数维新家的思想，也往往不能超出大部分过去的思想同习惯之上。我们一旦领会了这个真理，我们可以自庆我们虽然是一种可怜的矮人，竟能够站在巨人的肩上，去看我们立在地上所不能看见的东西；或者我们可以磨损我们的束缚而且像 Prometheus[25]一样，因为急于要救济人类的困苦，要想脱去那块过去的巨石。

他将法律同权利传给他自己，好像一种永远继续的病。

无论我们是享过去的福，或是受过去的祸，我们总是过去的子孙，而过去也以子孙看待我们。这就是我们的地位。无论我们怎样维新，只能随过去那条路走去，我们好像是转笼中的松鼠。

关于历史同进步的原因同技术有什么关系，我们此地没有工夫去讨论它，但是我们可说一说我们近世的见解对于守旧的人有一种什么影响。John Morley 曾经将守旧的人描写过一次："他有骂人的忍心；对于不十分可信的东西同不十分有用的制度，能够说几句辩护的话；对于普通的进步同改良，很是客气；关于进步的提议，很是冷淡或者反对；他的小希望就是生活能够一天好一天；他的大主见，就是生活恐怕要一天坏一天！"你想这类人现在还有多少！教士、律师、新闻记者、工商界中人里面，都有抱这种心理的人。他们对于改良的事业一定要反对的，不过一定想出许多理由来表白，或者夺人家的功劳作自己的功劳，或者做了几点无关紧要的小改革。他们对于一班青年，先用劝告，再加以一种赞美过去的话，再教他们青年不要向前胡闹，你想他们何等得法啊！守旧派实在是数千年来的出产品，当时还不知道人类有故意改良的可能。他们仍旧辩护现代的状况同思想，不拿现在同将来作标准，专用过去作标准。他们并不明白过去的种种东西有许多进步，也想不到假使没有人将守旧的精神故意培养起来，种种东西是可以无穷改善的。

我们假使将守旧派所资以自护的那句人类天性的话推翻之后，他们一定被我们激起来，使性地问我们究竟进步是什么意思？但是无论什么人，假使知道我们现在文化的比较幼稚，差不多除了希望将来以外，可以安慰我们的实在很少，而且我们四周围改良的机会如此的多，恐怕再没有心思去下进步二字的定义。我们实在要问问守旧派，现在究竟哪件东西可以不必再加改良？

守旧派还有一个自慰的东西：他们可以极力赞成地说，我们曾经有了许多改良，而且力言他们对于我们各种合宜的进步异常满意；不过怕进步太快了，容易向前跌倒，所以自愿来做一个缓冲机。但是这种缓冲机难道有必要的理由么？难道维新的人曾经有过自由行动的机会么？恐怕守旧派不见得能够在历史里面举出几个例出来。但是他们一定要说法国革命的恐怖时代是一个最显著的例子。这个例子，果然是历史上最好的了。但是不料那个时代的牺牲 Camille Desmoulins[26] 将法国革命那个恐怖时代的罪名，很有理由地完全归到当时守旧派的身上去。我亦以为所有学者都要同意恐怖时代种种激烈的举动，完全是被那个无能的诈伪的路易十六和他那班受普、奥两国君主帮助的逃亡的贵族激起来的。无论如何，Desmoulins 曾经说过，为自由而流的血，同为维持君主或教士的领土而流的血，比较起来，真是微乎其微了。

照这样看起来，就是这个变化过度的最显著的例，也受不起我们平心的仔细研究。而且我们可以说，进步的战车好像上险峻的山坡一样，守旧派那种缓冲机不但无用而且误事。Maeterlinck 曾经说过，我们切不可怕走得太远或者太快；照过去同现在看起来，实在没有理由可以使我们生畏。不但如此，他还说："我们的周围已经有足够的人，他们唯一的任务就是扑灭我们所点的火。""所有十字街头那几条将来的道路上，总有千人站在那里保护过去，来反对进步的精神。我们可以不必怕古代的好处没有充分的保护。我们最胆小的人所能做得到的，至少不要再用许多重量加在过去的上面就好了。"

历史，人类的同有机世界的全部历史，实在可以使守旧派无地自容。Maeterlinck 所著的《我们社会的责任》（*Our Social Duty*）里面，很迷信将来。他以为过度的激烈精神，或者是生活平衡上一种必要的东西。他说：

> 我们切不可同自己说，最好的真理常常在温和主义，或者平均主义里面，假使大多数人的思想程度，并不比必要的来得低，这句话或者是对的。这就是为什么其他的人的思想同希望，应该比普通应该的高一点的理由；今天所谓平均所谓温和，到了明天

就可以变为不人道的东西。当西班牙那种异端裁判所的制度风行一世的时候，当时一班心存善意的同公平的人，都说异端不可烧得太多，那时极端的无理的主张，就是一个也不应该烧死！

此地我们又可以从历史里面举出几个实例来：就 Plato 同 Aristotle 的眼光看起来，没有奴隶的社会，差不多是做不到的。Aristotle 以为奴隶这样东西，是人类社会里必要的附属品。照 Innocent 第三[27] 的眼光看起来，要使教会里面没有中饱或自利这种恶习，是一种无望的理想。照 Richelieu[28] 看起来，外交上没有贿赂是一种神话。照 Beccaria 看起来，审案时不用刑讯同没有腐败的法官，是一种梦想。当 Franklin[29] 时代，假使有人说在 Philadelphia 地方的人可以和 Mississippi 河外的人说话，或者费极少的钱，就是极贫的人亦不觉得太费，就可以将一封信送到世界的各部分去，人家一定说他是一个疯子。但是这些没有希望的愚笨的梦想，居然在一百年间就实现了。

对于这种种进步，守旧派往往取袖手旁观的态度，或者因为他们的性质是如此，或者因为他们无知，或者因为他们失望。但是我们应该原谅他们，因为他们实在是不懂什么。他们自己就是数千年来过去的遗迹。但是历史这样东西，现在好像表示我们原谅他们的时期已终止了。因为他们主张人类天性不能变更这句话，和他们以缓冲机自待的态度，现在都打破了。

总而言之，守旧派实在没有懂得过去是什么。从前维新派往往求援于将来，到了现在，他们可以用过去事业同现在的成功来作他们辩护的根据了。他们可以说明什么事是曾经做过的；他们可以说明什么事是正在做的；他们能够看出什么事是应该做而尚未做的；而且最后，他们还可以说明事情应该怎样的去做。我这篇文章的意思，无非是说明什么是曾经做过的事情。假使我有工夫，我很可以将知识的进步同应用知识来增进人类幸福这件事，在现在比从前进步得还要快的情形，详细说明。不过这一点，差不多人人都知道，用不着我去证明。没有几年以前，有一位法国文学家 Brumetièoe[30] 宣言科学已经破产了。他说这句话的时候，刚刚是"铑素"将要发明的时候，这个原素只要我们能够管束同利用它所含的力源，很可以再在人类变化上开辟一条新大道。他说这句话的时候，也就是白血球的作用将要发明的时候，这个发明在医学界别开一个无穷进步的生面。所以说科学破产的人，只有那一个可怜的文学家罢了。现在对于科学有研究的人，都知道我们对有机的同无机的世界的奥妙，现在不过是刚刚开端。

Dante[31] 在他那篇 Inferno 诗的第四段里面，将地狱的内容描写过一番。他听得地狱里各种长吁短叹的声音，使那永久的空气振动起来。这种声音是从一班吃苦的男女老幼的口里出来的。他们虽然说是好人，但是因为他们生在真正宗教没有发见以前的缘故，他们住在那里都已绝望的了。但是在那个黑暗里面，Dante 看见一点火光。在火光底下，他看见一班态度异常严重的人，坐在一个广大、光明、高峻的绿色草地上，不大谈话而且声音很低。这就是古代哲学家、政治家、军事家同文学家。他们也不忧愁，也不快乐，在那里高谈阔论；不管小孩子悲啼，也不觉得他们下面有可怕的地狱。他们不知道地球的那方面有一块入地狱的高山，有一班人在那里想爬上去，但是天堂始终走不到，但是他们何必多管闲事呢？岂不是他们自己已经安然住在那个安适可居的天堂上么？

至于要用团体的力量去实现大改革——如救贫、除病、废止战争，同增进快乐的同合理的生活——这种事业，假使我们没有明白上面所说的话，好像做不到的样子。从前人类的领袖，往往以过去为标准同根据。守旧的人的祖先，实在可以追溯到人类最初的时候。至于以将来为根据的改革家，实在是现代的一种出产品。这种人一直到十一点五十九分半以后才发见。这种人是一个新家庭，往往为守旧的世家望族所轻视。他们听见了 Antony Collinse、Voltaire 同 Tom Paine 这班人的名字就怕得不得了。其实这班人的学说，在现在看起来，普通得很。但是现在看起来，以将来为根据的改革家，实在是进步社会里面的一种最后的出产品。守旧派虽然在那边反对什么在 Bacon 时代所谓"可疑的新奇"，而且痛骂改革是坏的不能实行的，但是他们自己也不知不觉地走进改良的境遇里面去。我们虽然不喜欢玄理，但也不能不承认我们自己有一种不可思议的不知不觉的冲动，好像是一种天然的伴侣。这种冲动，好像专门在那里推翻现在的制度，隐隐之中，要想推出一种较复杂的去替代他们。这种重要的冲动，可以代表天然维新的精神。这种产生变化的精神——就是广义的冒险精神——已经不是诗家的或梦想家的观念了。我们研究历史的人同研究科学的人，也不能不注意它了，我们到如今才知道虽然有人类的昏迷、漠视或反抗，我们可以同这种变化的精神合力进行的。

我们如今才找出那个反对上帝的罪过来——这或者就是不愿同改良的原理合力进行。总而言之，历史这样东西，好像宣告守旧的原理为一种绝望的同恶劣的历史上谬误。

假使上面所说的话，或者上述的大部分是对的，那么我们全部的教育，岂不是错了么？我们对于青年男女并没有用一种始终一致的方法去培养他们的进步精神，并没有使他们明白他们所负的责任——那种向前希望同进行的兴味。他们所受的教育，大部分还是抽象的、古典的，所以我们如今还不敢使教育同生活生出关系来。他们所读的历史，并没有给他们一种教训。他们从小就养成一种尊重过去不信将来的心理。照这样看起来，我们的教育，岂不是不但不能做改善的路标，而且反成了进步的大障碍了么？假使那班负教育青年子弟责任的人，能够十分明了我这篇文章里面所提的话，岂不是都要不寒而栗么？假使在我们中学校，同专门学校、神学研究所、法律学校里面的教师，极力说明他们自己教授的性质是临时的，而且劝学生快快地去超过他们的学问，你看社会中人对于这种教师如何处置？上面这句话，虽然是异常滑稽，但是可以说明我们对于历史上那个大教训的觉悟同承认，如今还是离得很远。

我再引几句 Maeterlinck 的话：

> 我们应该想一想那只大的看不见的船，将我们人类载到无穷的目的地去。它像我们普通有限海洋的海船一样，有它的帆同压

舱石。我们不能因为它离开了椗泊的地方，怕它波荡了，就将好的白的船帆，装在黑暗船底下，来增加压舱石的重量。帆这样东西，并不是织起来使它们在黑暗中同圆石同朽的。压舱石是到处都有的；所有海港的圆石，海岸的黄沙，都可以作压舱之用。但是帆是很少而且可贵的东西；它们的地位，并不是在黑暗的船底里面，但是在高大船桅的光明中间；在这个地方，它们可以集合空间的风。

【注释】

〔1〕见 de Mortillet 所著《未有记载以前之历史》，第六六三页。

〔2〕见第三篇《历史的新同盟》注〔11〕。

〔3〕见所著《上帝之城》第十八章，第四十节。

〔4〕见第三篇《历史的新同盟》注〔21〕。

〔5〕见第二篇《历史的历史》注〔68〕。

〔6〕英国博物学家，主张天演之说甚力。一八二五年生，一八九五年卒。

〔7〕三三一年生于 Illyria，四二〇年卒。始译《圣经》为拉丁文。

〔8〕三四〇年生，三九七年卒，曾任 Milan 主教。

〔9〕见第四篇《思想史的回顾》注〔19〕。

〔10〕意大利人，一一九〇年生，一二八〇年卒。中古时代之名哲及神学家。

〔11〕见第四篇《思想史的回顾》注〔6〕。

〔12〕见第四篇《思想史的回顾》注〔49〕。

〔13〕见第四篇《思想史的回顾》注〔51〕。

〔14〕意大利哲学家。

〔15〕意大利哲学家，一六〇〇年因被诬为异端而焚死。

〔16〕见第四篇《思想史的回顾》注〔57〕。

〔17〕见所著《学问之进步》第一卷，第五章，第一节至十一节。

〔18〕Draper 所著《欧洲思想发达史》中，即有此种论调。

〔19〕罗马诗人，纪元前九五年生，（纪元前）三一年卒。

〔20〕著有《犯罪及刑罚》一书。

〔21〕法国数学家兼哲学家。著有《人类精神之进步》一书。一七四三年生，一七九四年卒。

〔22〕法国博物学家兼人类学家，一七八八年生，一八六八年卒。

〔23〕德国生物学家。Jena 大学动物学教授，一八三四年生。德国应用进化学说之第一人，著有《万物创造史》、《人类进化》等书。

〔24〕见第四篇《思想史的回顾》注〔54〕。

〔25〕希腊神话中，相传天神向人类要求牺牲时，Prometheus 竟杀牛以献。天神怒，乃并携人类之火以去，Prometheus 乃以茴香秆向日取火，天神怒，以链条缚之于某山下，并命巨鹰一日咬其肝以苦之。卒感动天神之心而被放云。

〔26〕见第七篇《一七八九年的原理》注〔6〕。

〔27〕见第一篇《新史学》注〔45〕。

〔28〕法国路易十三时代之名相，一五八五年生，一六四二年卒。

〔29〕美国人，科学家兼政治家。一七〇六年生，一七九〇年卒。

〔30〕法国批评家，《二世界评论》之主笔，一八四九年生。

〔31〕见第一篇《新史学》注〔18〕。

当代世界学术名著·第一批书目

世界贸易体系经济学	[美]科依勒·贝格威尔,
	罗伯特·W·思泰格尔
税收经济学	伯纳德·萨拉尼
经济学是如何忘记历史的:社会科学	杰弗里·M·霍奇逊
中的历史特性问题	
通货膨胀、失业与货币政策	罗伯特·M·索洛 等
经济增长的决定因素:跨国经验研究	[美]罗伯特·J·巴罗
全球经济中的创新与增长	[美]G.M.格罗斯曼,E.赫尔普曼
美国产业结构(第十版)	[美]沃尔特·亚当斯,
	詹姆斯·W·布罗克
制度与行为经济学	[美]阿兰·斯密德
企业文化——企业生活中的礼仪与	特伦斯·E·迪尔 等
仪式	
组织学习(第二版)	[美]克里斯·阿吉里斯
企业文化与经营业绩	[美]约翰·P·科特 等
系统思考——适于管理者的创造性	[英]迈克尔·C·杰克逊
整体论	
组织学习、绩效与变革——战略人力	杰里·W·吉雷 等
资源开发导论	
组织文化诊断与变革	金·S·卡梅隆 等
社会网络与组织	马汀·奇达夫 等
美国会计史	加里·约翰·普雷维茨 等
新企业文化——重获工作场所的活力	特伦斯·E·迪尔 等
文化与组织(第二版)	霍尔特·霍夫斯泰德 等
实证会计理论	罗斯·瓦茨 等
组织理论:理性、自然和开放的系统	理查德·斯科特 等
管理思想史(第五版)	丹尼尔·A·雷恩
后《萨班斯—奥克斯利法》时代的公司	扎比霍拉哈·瑞扎伊
治理	
财务呈报:会计革命	威廉·比弗
当代会计研究:综述与评论	科塔里 等
管理会计研究	克里斯托弗·查普曼 等
会计和审计中的判断与决策	罗伯特·阿斯顿 等
会计经济学	约翰·B·坎宁

图书在版编目(CIP)数据

新史学/(美)鲁滨孙(Robinson,J. H.)著；何炳松译. —北京：中国人民大学出版社，2011.3
ISBN 978-7-300-13465-9

Ⅰ.①新… Ⅱ.①鲁…②何… Ⅲ.①史学-研究 Ⅳ.①K03

中国版本图书馆 CIP 数据核字（2011）第 036826 号

当代世界学术名著
新史学
[美] 鲁滨孙 （J. H. Robinson） 著
何炳松 译
Xinshixue

出版发行	中国人民大学出版社			
社 址	北京中关村大街 31 号		**邮政编码**	100080
电 话	010－62511242（总编室）		010－62511398（质管部）	
	010－82501766（邮购部）		010－62514148（门市部）	
	010－62515195（发行公司）		010－62515275（盗版举报）	
网 址	http://www.crup.com.cn			
	http://www.ttrnet.com(人大教研网)			
经 销	新华书店			
印 刷	北京东君印刷有限公司			
规 格	155 mm×235 mm 16 开本		**版 次**	2011 年 3 月第 1 版
印 张	11.5 插页 2		**印 次**	2011 年 3 月第 1 次印刷
字 数	150 000		**定 价**	29.80 元